THÈSE

POUR

LE DOCTORAT

PAR

Albert THIÉBLIN

PARIS

IMPRIMERIE DE VICTOR GOUPY

Rue Garancière, 5

1866

DE

LA CHOSE JUGÉE

EN MATIÈRE CIVILE

ET SPÉCIALEMENT

DES ÉLÉMENTS CONSTITUTIFS DE LA CHOSE JUGÉE

EN DROIT ROMAIN

ET

DES JUGEMENTS QUI ONT FORCE DE CHOSE JUGÉE

EN DROIT FRANÇAIS

THÈSE POUR LE DOCTORAT

L'acte public sera soutenu le mercredi 13 juin 1866, à une heure

En présence de M. l'Inspecteur général GIRAUD

PAR

Albert THIÉBLIN

Avocat à la Cour impériale

Président : M. LABBÉ, *Professeur.*

Suffragants :
MM. VALETTE,
BONNIER,
DURANTON, *Professeurs.*
BEUDANT, *Agrégé.*

PARIS

IMPRIMERIE DE VICTOR GOUPY

5, RUE GARANCIÈRE, 5

1866

A MON PÈRE

A MA MÈRE

INTRODUCTION

I. *But et utilité de la chose jugée.* — Pour que la justice soit en honneur dans un pays, pour que les lois y soient fidèlement observées, il faut que les magistrats qui sont chargés de dispenser la justice et d'appliquer les lois, soient entourés du respect de tous, et leurs décisions strictement et complétement exécutées malgré la mauvaise volonté ou même la résistance de la partie qui a succombé.

La nature des fonctions judiciaires implique la nécessité de cette exécution forcée, sans laquelle la justice serait désarmée et condamnée à une impuissance qui rejaillirait sur la loi elle-même ainsi dépourvue de sanction et réduite à l'état de lettre morte. Aussi, est-ce avec raison que le chancelier Bacon a dit : « Les jugements sont les ancres des lois, comme les lois sont les ancres des républiques. »

De tout temps on a attaché la plus grande importance

à ce principe. Lorsque les amis de Socrate, injustement condamné, le sollicitaient d'échapper par la fuite à la sentence inique qui le frappait, ce grand philosophe aima mieux mourir que de provoquer par son exemple la désobéissance aux lois et d'aider ainsi à renverser sa patrie : « Car quel État peut subsister, s'écrie-t-il, là où les jugements n'ont aucune force et sont foulés aux pieds par les particuliers (1) ? »

Cicéron, lui aussi, déclare que la stabilité des États repose sur la stabilité des jugements : « Status reipublicæ maxime judicatis rebus continetur (2). »

Mais, pour assurer aux jugements l'autorité morale dont ils ont besoin, le législateur n'a pas cru qu'il suffît de les rendre inattaquables ; il a eu recours à une protection plus efficace. Il a déclaré que la sentence qui interviendrait serait considérée comme étant l'expression fidèle de la vérité, donnant ainsi à un simple acte de procédure le pouvoir d'engendrer un droit qui n'existait pas, de modifier ou d'anéantir un droit existant : *Res judicata pro veritate habetur.*

Ce principe, qui au premier abord paraît si exorbitant, s'impose pourtant à notre conscience et à notre raison, et par sa nécessité pratique, et aussi par l'évidente justice de la base sur laquelle il repose.

Ne semble-t-il pas cependant que l'unique but de l'autorité de la chose jugée soit de protéger les juge-

(1) Platon, *Crito.*
(2) Cicéron, *Orat. pro Sylla,* ch. XXII.

ments erronés contre la vérité qu'ils ont méconnue? En effet, un jugement équitable confirme un droit préexistant : il n'a donc pas besoin de cette sanction. S'il en était ainsi, il faudrait à coup sûr détruire la règle que nous venons de poser : elle n'atteindrait pas le but auquel nous tendons.

Bien loin de faire naître le respect autour des magistrats, elle ne servirait qu'à leur attirer le mépris et l'indignation de tous les honnêtes gens.

Il est bien vrai que parfois elle pourra servir à couvrir une erreur judiciaire; mais c'est là un mal nécessaire, inhérent à la faillibilité humaine. Quelques précautions que prenne la loi pour n'avoir que des magistrats éclairés et intègres, quelque vigilance que ceux-ci apportent toujours dans l'exercice de leurs fonctions, il n'en est pas moins vrai qu'ils peuvent quelquefois être induits en erreur. L'obscurité ou l'insuffisance de la loi, l'impuissance des moyens de preuve proposés par les parties, peut-être même leur mauvaise foi, sont des causes suffisantes pour expliquer que l'erreur puisse se rencontrer dans les jugements. Mais ce n'est là heureusement qu'une exception (1).

L'utilité de l'autorité de la chose jugée apparaît tout

---

(1) M. Poisson, aux n°s 148 et 151 de son livre sur les *Recherches sur la probabilité des jugements en matière criminelle et civile*, a fait un calcul assez singulier sur les chances d'erreurs des juges. En cas d'unanimité dans un tribunal de première instance, composé de trois juges, il y a 9 à parier contre 1 qu'ils ne se sont pas trompés, et, en cas de dissentiment, 57 contre 28 pour la bonté d'un jugement. Il y a 19 chances contre 1 pour la bonté d'un arrêt confirmatif.

entière lorsqu'elle sert à protéger et à maintenir les jugements bien rendus. Si on pouvait remettre indéfiniment en présence les droits qui ont été une fois fixés par un bon jugement, il y aurait à craindre que la seconde solution fût moins conforme à la justice. Il y a souvent des rapports de droit qui sont très-délicats à établir, et qui n'ont pu être équitablement fixés par les premiers juges que parce qu'ils avaient entre les mains des preuves qui n'existent plus lorsqu'on revient leur demander de les fixer encore. Il pourrait donc être très-dangereux de renouveler une contestation qui a déjà reçu une décision juridique.

Et d'ailleurs, le danger qui résulterait d'une perpétuelle incertitude, serait beaucoup plus à craindre que celui de voir un jugement erroné recevant forcément son exécution.

Ce principe est un des plus solides fondements de la société civile. Sans lui, tout pourrait être remis en question, les procès seraient sans fin et la famille n'aurait aucune sécurité. Si le juge a pu se tromper, il y a de grandes probabilités pour qu'il ait dit la vérité. Et d'ailleurs, qui pourrait affirmer qu'une nouvelle décision serait meilleure? Une décision judiciaire pourrait être réformée par une décision contraire, et une troisième pourrait encore donner raison à la première ou aboutir à une solution différente de celle des deux autres. Rien ne prouve donc qu'un nouvel examen amènerait une meilleure solution, et il est indispensable de protéger l'état, la fortune, l'honneur des citoyens contre des prétentions qui viendraient perpétuellement les remettre en question.

Il faut donc que tout procès trouve une fin juste et prompte. Cela est nécessaire dans l'intérêt privé, nous venons de l'établir. Cela est tout aussi nécessaire dans l'intérêt public, à qui il importe non-seulement de ne pas laisser augmenter indéfiniment le nombre des procès, mais encore de leur assurer la plus rapide solution possible. Or, cette fin, on ne peut la trouver que dans l'institution de la chose jugée : aussi, la voyons-nous fortement établie dans toutes les législations.

Sans elle, en effet, quelle eût été l'utilité des tribunaux et de leurs jugements ? Au lendemain même de la sentence qui le condamne, le plaideur qui aurait perdu son procès, mécontent de la situation qui lui est faite, eût de nouveau soumis au juge la question déjà décidée et l'on eût vu renaître la lutte avec plus d'ardeur et d'acharnement.

Le législateur se trouvait en présence de deux dangers également redoutables, et qu'il fallait par conséquent éviter :

1° Sanctionner l'autorité de la chose jugée d'une manière absolue, et s'exposer ainsi à consacrer de graves injustices ;

2° Permettre de recommencer les procès déjà jugés, et laisser ainsi la propriété dans la plus grande incertitude.

Pour éviter l'un, il ne fallait pas tomber dans l'autre : c'est pour cela qu'en combattant l'un d'eux, les rédac-

teurs du Code se sont arrêtés quand ils voyaient l'autre
apparaître d'une façon plus redoutable.

Le danger de maintenir une sentence entachée d'erreur
ou de dol a paru à tous les législateurs être la moins
grave, d'autant plus qu'on trouvait un moyen puissant
d'en pallier les effets dans la pluralité des juges appelés
à vider le débat, les conditions de capacité exigées des
magistrats, l'établissement de plusieurs degrés de juridiction.

Cette dernière institution se lie, sous bien des rapports,
à notre sujet. Et, en effet, il fallait qu'elle fût résolue
pour que le législateur pût déterminer quand la décision
aurait force de chose jugée. Il fallait en outre, pour que
l'autorité de la chose jugée fût sérieusement établie, que
les degrés de juridiction ne fussent pas assez nombreux
pour éterniser les procès. Dans notre ancien droit,
l'abus des degrés de juridiction était constant ; aussi,
en 1790, voyons-nous se manifester une réaction également abusive, qui faillit faire disparaître l'appel de nos
institutions. Il survécut cependant aux rudes atteintes
de ses adversaires, en subissant toutefois de nécessaires
modifications. C'est ainsi que ses délais furent réduits
à de justes bornes et que l'on n'admit au plus que deux
degrés de juridiction.

II. *Caractère purement relatif de cette institution.*
— Ce qui maintient le plus cette présomption dans les
justes limites qu'il importe de lui conserver, ce ne sont
pas les institutions que nous venons d'énumérer, mais

c'est le caractère purement relatif que e législateur lui
a donné. On a été amené à lui reconnaître ce caractère
en considérant que, lorsque deux parties se présentent
devant un tribunal pour faire juger leurs différends,
elles acceptent d'avance la décision qui doit intervenir
comme la règle de leurs droits. Dès que le jugement est
rendu en dernier ressort, elles doivent s'y soumettre, car
telle est la loi qu'elles se sont imposée à elles-mêmes.

Toutefois, cette convention n'étant que fictive et résultant uniquement de la comparution des parties devant
le tribunal, elle a reçu le nom de *quasi-contrat judiciaire*. Donc, elle ne peut produire d'effet que vis-à-vis
des personnes qui sont intervenues à ce quasi-contrat,
soit par elles-mêmes, soit par leurs représentants.

Il ne fallait donc pas se laisser trop entraîner par la
présomption de vérité attachée aux jugements, ni, sous
prétexte d'assurer aux décisions judiciaires le respect
qui leur était dû, revenir aux arrêts de règlement
ou compromettre le droit des absents sur une analogie
peut-être inexacte. En outre, il aurait été injuste d'im-
poser à une personne ce qui a été jugé contre une
autre ; car la décision du juge dépend nécessairement
des preuves que les parties ont apportées à l'appui de leur
demande et de la manière dont elles ont su faire valoir
leurs prétentions, et il ne faut pas faire souffrir le second
plaideur de la négligence du premier. En outre, la contradiction entre les deux jugements, si elle se présente,
n'aura pas un grand inconvénient, puisque chacun d'eux
pourra être exécuté ; enfin, on n'aura pas à craindre

d'éterniser les procès, car chaque procès ne pourra se renouveler plus d'une fois entre les mêmes personnes.

L'identité des personnes n'est pas la seule limite apportée à l'autorité de la chose jugée. Il en est une autre tout aussi nécessaire que la première, c'est l'identité de question de droit.

En exigeant l'identité de question de droit, nous ne nions pas qu'il y ait des cas où les juges n'ont à se prononcer qu'en fait ; mais ce fait n'a de valeur que parce qu'en définitive il établit un rapport de droit sur lequel le juge a à statuer.

Si l'un de ces deux éléments vient à manquer, ce n'est plus le même procès dont il s'agit ; il n'y a donc plus lieu d'appliquer l'autorité de la chose jugée ; mais, si les deux éléments sont réunis, peu importe que des circonstances de détail viennent les modifier, il n'y en aura pas moins lieu d'appliquer la chose jugée. C'est ainsi que les changements de temps, de lieu, de juridiction n'exercent ici aucune influence. Ajoutons que l'identité de moyens employés à l'appui de la demande ne saurait jamais constituer la chose jugée.

En n'exigeant que deux conditions pour qu'il y ait lieu d'appliquer l'autorité de la chose jugée, il semble que nous nous mettons en contradiction avec les textes du droit romain (1) et avec l'article 1351, C. N. Il n'en est rien cependant. Les jurisconsultes Julien et Ulpien n'exigent que les deux conditions dont nous parlons : « Excep-

______

(1) L. 3, *D. except. rei jud.* — L. 7, § 4, *eod.*

tio rei judicatæ obstat quotiens inter easdem personas eadem quæstio revocatur. »

La contradiction avec l'article 1351 n'est qu'apparente. « L'autorité de la chose jugée, dit cet article, n'a lieu qu'à l'égard de ce qui fait l'objet du jugement. Il faut que la *chose demandée* soit la même ; que la *demande soit fondée sur la même cause ;* que la *demande soit entre les mêmes parties*, et formée par elles et contre elles en la même qualité. »

Le législateur français, en exigeant l'identité d'objet et l'identité de cause, n'a fait que statuer sur le *plerumque fit*, c'est-à-dire qu'il a détaillé les éléments qui constituent le plus ordinairement l'identité de question. Mais cette énumération est dangereuse, et il vaut mieux s'abstenir de la faire. Car il y a tel cas dans lequel nous appliquerons évidemment les principes de l'autorité de la chose jugée, et qui cependant ne rentre pas complétement dans la classification du Code, parce qu'il lui manque un des deux éléments qui constituent le détail de l'identité de question.

Aussi, la classification des éléments constitutifs de la chose jugée que nous venons d'énoncer offre-t-elle deux avantages : elle embrasse tous les cas sans en omettre aucun. Il y a en effet des cas où l'autorité de la chose jugée s'applique alors même qu'il n'y a pas identité d'objet. Pourquoi cela ? C'est parce qu'il y a identité de question de droit. Je n'en veux prendre que deux exemples. Un homme tombé dans le besoin intente contre sa mère une demande d'aliments, et il triomphe.

Si, plus tard, on lui conteste le droit de prendre part à la succession de cette femme, il pourra invoquer l'autorité de la chose jugée, bien qu'il n'y ait pas identité d'objet.

Un homme a intenté une action en résiliation de vente pour éviction partielle (art. 1636, C. N.), et il a été débouté, faute d'avoir prouvé sa qualité d'acheteur. Il essaie alors d'arriver à son but en demandant une diminution de prix : on regarde que c'est à fort bon droit que l'exception de chose jugée peut lui être opposée.

Cette condition de l'identité de la question s'explique par le besoin d'harmonie entre les décisions judiciaires. Pour savoir si elle est réalisée, il suffit donc d'examiner si, en statuant sur la nouvelle demande, le juge s'expose ou non à rendre un jugement en contradiction avec le premier.

III. *Effet de la chose jugée.* — L'effet de la chose jugée est d'établir l'existence ou la non-existence légale du rapport sur lequel le juge a statué. Pour que l'on soit admis à prouver l'erreur du juge, il faut que l'on se trouve dans certains cas exceptionnels pour lesquels la loi a admis des voies extraordinaires de recours.

A Rome, le jugement qui affirmait une obligation, éteignait immédiatement cette obligation, pour lui substituer un droit nouveau ; chez nous, l'obligation subsiste tout entière et le jugement ne fait que lui donner une force nouvelle. On peut même aller jusqu'à dire que le jugement crée une nouvelle cause à l'obligation, puisqu'il lui tient lieu de titre, le créancier étant dispensé de produire en justice l'écrit qui constate son droit. De telle sorte que, si on l'actionnait en justice à raison de cette même obligation, il lui suffirait, pour obtenir gain de cause, de présenter le jugement qui a été rendu en sa faveur. Hâtons-nous toutefois de dire que cette règle cesse de s'appliquer, lorsque le jugement est soumis à une des voies extraordinaires de recours organisées par la loi.

Lorsqu'un jugement prononce par erreur l'inexistence d'une obligation, l'élément civil de cette obligation est détruit, de telle sorte que le créancier ne peut plus poursuivre son débiteur en justice, ni le contraindre à l'exécuter. Mais il laisse subsister un élément naturel assez puissant pour faire que, si le débiteur consent volontairement à payer, il y aura là, non pas une donation, mais un véritable payement qui échappera par conséquent à toutes les règles spéciales aux donations, telles que le rapport ou la réduction.

Celui qui pourrait profiter de l'exception de chose jugée, peut aussi y renoncer, mais seulement avec certaines restrictions. C'est ainsi que l'on ne peut pas renoncer au bénéfice de la chose jugée au préjudice de ses créanciers (argument *à pari*, tiré de l'art. 2225, C. N.). De même qu'en matière de prescription les créanciers n'ont pas besoin, pour faire annuler la renonciation faite par leur débiteur, de prouver qu'il y a eu fraude de sa part, de même cela ne sera pas nécessaire en matière de chose jugée. Et en effet, dans l'un et l'autre cas, il arrivera le plus souvent que la renonciation ne sera pas dictée par le désir de frauder les créanciers, mais uniquement par l'intention de satisfaire à un devoir de conscience, devoir exagéré sans doute, puisqu'il ne peut s'accomplir qu'en dépouillant les créanciers d'un gage sur lequel ils pouvaient compter. Cette renonciation offre, pour les créanciers, les mêmes dangers qu'une véritable libéralité ; or il n'est pas permis d'être libéral au détriment d'autrui : « Nemo liberalis, nisi liberatus. »

IV. *De la chose jugée dans l'ancien droit.* — L'autorité de la chose jugée existait, dans l'ancien droit, telle qu'elle existe encore sous le Code Napoléon. Nous trouvons, dans le *Traité des obligations* de Pothier, un chapitre entier employé à exposer la théorie de cette institution.

En principe, elle résultait comme aujourd'hui de tous les jugements définitifs. Il n'y avait à cette règle qu'une seule exception, fort curieuse, qu'il est intéressant de mentionner, parce que, ayant pris naissance à une époque très-reculée, elle avait toujours persisté depuis et existait encore dans le dernier état du droit.

Pothier nous signale cette exception dans son *Traité du Contrat de mariage.* Il nous dit que, « lorsqu'un jugement a passé en force de chose jugée, on ne peut plus le rétracter par des preuves, survenues depuis le jugement, qu'on offrirait de faire, de l'erreur dans laquelle le juge est tombé, comme nous l'avons vu en notre

Traité des obligations. Au contraire, les jugements en cette matière ont cela de particulier que, si un mariage a été déclaré nul pour un empêchement dirimant qui a paru alors au juge suffisamment justifié, ce jugement peut être rétracté par de nouvelles preuves survenues depuis, qui établissent que l'empêchement ne subsistait pas, et les parties doivent, nonobstant ce jugement, être condamnées à retourner ensemble (1). »

Cette exception se justifiait par cette raison que, le mariage étant considéré comme un sacrement, même par le droit civil, il eût paru trop grave d'annuler un sacrement par suite d'une erreur du juge.

Beaumanoir en cite un cas très-remarquable. « Car « uns chevaliers prist une feme, et quant il orent esté « grant pièce ensanlle, tant qu'il orent enfans, li « mariages fu après acusés et fu depcciés et fu tenus « por malvès par le jugement de sainte église et ot « çascuns congié de soi marier aillors. » Les deux époux se marièrent alors chacun de leur côté et eurent des enfants ; puis tous deux redevinrent veufs. Ils revinrent alors devant le *Cort de Crestienté* et montrèrent au juge que c'était par suite d'une erreur qu'on avait dissous leur premier mariage. La sentence fut rapportée et les deux époux se réunirent de nouveau. « Et ainsi

_____

(1) Pothier, *Contrat de Mariage*, n° 461. — Cf. *Lettre d'Alexandre III au Corpus juris canonici ; Décrétale de Grégoire IX*, lib. II, tit. XXVII, *De sentent. et re judic.*, cap. VII. — Arrêt du 30 décembre 1700.

« ot li chevaliers enfans de deux femes mariées et
« vivans tout à un meisme tans, et le dame enfans de
« deux maris (1). »

Les principes qui régissent la matière de la chose
jugée dans notre droit moderne ont été exposés par le
Code, avec une sobriété de termes telle, qu'elle en-
gendre souvent le doute, et que pour le dissiper il faut
avoir recours au droit romain. C'est dire assez que les
éléments constitutifs de la chose jugée sont les mêmes
en droit romain et en droit français. Aussi, pour éviter
des répétitions inutiles, avons-nous pensé qu'il valait
mieux traiter, en droit romain et en droit français, deux
points différents de notre vaste sujet. Nous allons donc
développer, en droit romain, *les éléments constitutifs
de la chose jugée*, et en droit français, *les conditions
que doivent réunir les jugements pour obtenir force de
chose jugée.*

(1) Beaumanoir. *Coutume de Beauvaisis*, ch. XVIII, § 18.

DROIT ROMAIN

ÉLÉMENTS CONSTITUTIFS DE LA CHOSE JUGÉE

CHAPITRE PREMIER

Notions préliminaires

I

La sentence est la décision rendue par le juge. Elle a pour effet de produire la chose jugée, c'est-à-dire de déterminer le point de fait ou de droit sur lequel le juge a terminé toutes les contestations en prononçant la condamnation ou l'absolution du défendeur. La force de ce principe est si grande que la sentence serait exécutée, alors même que le juge aurait mal jugé : « Res judicata pro veritate habetur (1). »

(1) L. 25, *D. stat. homin.*, (1. 5) ; L. 65, *D.*, *ad senat. Treb.* (XXXVI, 1).

Pour que la sentence ait ce caractère, il faut qu'elle soit juste, définitive et non susceptible d'appel. Si elle était injuste, c'est-à-dire infectée d'un vice de nullité, il n'y aurait point jugement. « On doit considérer « comme condamné celui qui est condamné par une « sentence valable ; mais, si la sentence est nulle pour « quelque motif, il n'y a pas condamnation (1). »

Lorsque la sentence absout le défendeur, elle lui donne l'exception de chose jugée sans laquelle le demandeur pourrait agir de nouveau ; lorsqu'elle porte condamnation, elle produit l'action *judicati* qui est tantôt un moyen de faire prononcer sur l'existence contestée de la sentence, tantôt un moyen de poursuite pour l'exécution.

Ce n'est pas le désir de faire prévaloir l'équité et la bonne foi qui a fait admettre l'exception de chose jugée, mais uniquement une considération d'intérêt social, ainsi que le dit fort bien Ulpien : « Singulis controversiis singulas actiones, unumque judicati finem sufficere, probabili ratione placuit, ne aliter modus litium multiplicatus summam atque inexplicabilem faciat difficultatem : maxime si diversa pronuntiarentur (2). »

II

Comment était appliquée la maxime : « *Res judicata pro veritate accipitur?* » La chose jugée produisait-elle

(1) L. 4, § 6, *D. re jud.* (XLII, 1).
(2) L. 6, *D. de except. rei jud.*

un refus complet d'action ou seulement une exception?
Pour répondre à cette question, il faut étudier chacune
des trois périodes de la procédure romaine.

I. Au temps des actions de la loi, l'action était
éteinte *ipso jure* en vertu de ce principe : *bis de eadem
re agi non potest;* et cela avait lieu alors même que le
rejet de la demande était fondé sur un simple vice de
forme (1). Il ne pouvait donc pas être question d'exception.

C'est un principe purement *négatif*, pour me servir
de l'expression de M. de Savigny, qui empêche une action sans établir un droit.

Cette institution, qui ne protégeait le défendeur que
contre la reproduction de l'action déjà jugée, ne rem-
plissait son but que très-imparfaitement et cela à deux
points de vue. Ainsi, le défendeur condamné à restituer
la propriété au demandeur, pouvait plus tard, en se présentant comme demandeur, remettre en question la
propriété sans qu'on puisse lui opposer d'exception puisqu'il n'y avait pas eu d'action exercée par lui.

D'un autre côté, son application poussée jusqu'à ses
dernières limites entraînait des conséquences qu'aucun
besoin réel ne saurait justifier. C'est ainsi qu'elle avait
lieu, lors même que le rejet de la demande ne tenait
qu'à une exception dilatoire. Cette forme négative si

____

(1) Gaius, *Com.* IV, § 108.

2

imparfaite était alors la forme unique, et elle aboutissait à la consommation *ipso jure* (1).

II. Sous le système formulaire, il en était à peu près de même dans un très-grand nombre de cas, mais pour un autre motif. L'action était éteinte par la *litis contestatio*, tantôt *ipso jure*, tantôt par l'exception *rei in judicium deductæ* qui devenait l'exception *rei judicatæ* quand le jugement était prononcé, en vertu de ce principe, que toute action, une fois jugée, ne peut plus être reproduite (2). L'action était éteinte *ipso jure*, et sans que par conséquent on eût besoin d'exception, quand elle avait été déduite dans un *judicium legitimum* (instance à Rome ou dans le premier mille autour de Rome, entre citoyens romains et devant le *judex*), et que l'action était *in personam* et la formule conçue *in jus*. On ne pouvait plus agir parce qu'il n'y avait plus d'*intentio* possible, puisque le droit n'existait plus.

L'exception *rei in judicium deductæ* et l'exception *rei judicatæ* deviennent nécessaires dans un *legitimum judicium*, quand l'action est *in rem* ou la formule conçue *in factum*, ou dans un *judicium imperio continens*, parce que alors l'obligation résultant de la *litis contestatio* ne détruit pas l'obligation primitive. Sans cette

(1) Gaius, *loc. cit.*
(2) Gaius, *Com.* III, §§ 180 et 181; *Com.* IV, §§ 103 à 107.

exception, rien n'empêcherait donc le demandeur d'agir de nouveau pour le même objet (1).

C'est sous le système formulaire que se transforme peu à peu l'exception *rei judicatæ* et qu'elle prend un caractère positif au lieu du caractère négatif qu'elle avait eu jusque-là. Le principe qui lui servit de base est celui-ci : aucun jugement ne peut enfreindre les dispositions d'un jugement antérieur, c'est-à-dire, que quand dans un procès se présente une question sur laquelle un jugement a déjà été prononcé, le nouveau juge doit accepter cette décision comme une vérité et en faire la règle de son jugement.

Cette nouvelle forme de l'exception, bien qu'elle répondît mieux aux besoins impérieux de la pratique, ne fit pas disparaître l'ancienne. D'abord elle n'eut que des solutions isolées, puis elle marcha parallèlement avec la forme ancienne, parce que l'on ne voulait pas détruire violemment une institution sanctionnée par le temps, alors qu'on en reconnaissait tous les défauts. Dans la suite, l'ancien principe de la consommation de l'action fut complétement abandonné et on n'eut plus recours qu'à l'exception *rei judicatæ*.

III. L'abolition de l'ancien *ordo judiciorum*, auquel les *extraordinaria judicia* se substituèrent, a amené, bien que d'une manière indirecte, l'abolition du prin-

______

(1) **Cf.** sur toute l'histoire de cette exception le remarquable travail de **M.** de Savigny, trad. Guenoux, t. VI, p. 370 à 390.

cipe de la consommation de l'action. La disparition des formules empêcha que l'on pût reconnaître d'une manière facile et sûre l'identité des deux actions, qui était indispensable pour donner naissance à l'exclusion pour cause de consommation. La fiction de vérité du jugement subsista au contraire parce que, pour l'appliquer, il suffit de connaître le contenu du jugement et que cela peut se concilier avec toutes les formes de procédure.

Sous Justinien, la forme nouvelle de l'exception existait seule puisqu'il ne parle plus ni de la consommation de l'action, ni de l'action *rei in judicium deductæ* qui en était inséparable. Il y a cependant des textes qui établissent l'existence de la fonction primitive dont parle Gaius, c'est-à-dire qui ne peuvent s'expliquer que par elle. Ainsi notamment, quand nous voyons mentionner une *replicatio rei judicatæ,* destinée dans plusieurs cas à repousser l'exception du même nom, cette exception doit s'entendre exclusivement de l'ancienne institution de la fonction négative.

Nous venons d'étudier l'histoire de cette exception; voyons maintenant dans quelles conditions elle peut être opposée.

L'effet de tout jugement définitif doit être assuré pour l'avenir. Ce principe se trouve posé dans plusieurs textes du digeste et en particulier dans la loi 207 (*de regulis juris*), qui s'exprime ainsi : « Res judicata pro veritate accipitur. » Fondé sur un principe d'utilité publique, il était considéré par les jurisconsultes comme d'une extrême importance, ainsi que cela résulte du § 2 de la loi 65 D. ad senat. Trebel : « Cum prætor, cognita causa, per errorem, vel etiam ambitiose juberet hæreditatem ut ex fideicommisso restitui : etiam publice interest restitui, *propter rerum judicatarum auctoritatem.* »

Son but étant d'empêcher que le contenu d'un jugement se trouve en contradiction avec un jugement antérieur, on peut la définir : « Toute prétention de l'adversaire en contradiction avec un jugement définitif est inadmissible. »

Le développement de ce principe est très-difficile à suivre dans le droit romain, à cause de la mauvaise composition du Digeste dont le système de phrases éparses et décousues ôte à un développement de principes toute suite et tout ensemble. Aussi a-t-on grand peine à savoir quels sont les éléments constitutifs dont l'identité, dans deux instances, est nécessaire pour que de l'un à l'autre il y ait autorité de la chose jugée.

Tous les textes ne sont pas d'accord sur le nombre des conditions nécessaires pour que l'exception de chose jugée soit applicable. Les uns exigent cinq conditions : « Cum quæritur, hæc exceptio noceat nec ne? inspiciendum est, an idem corpus sit, quantitas eadem, idem jus; et an eadem causa petendi et eadem conditio personarum : quæ nisi omnia concurrunt, alia res est (1); » d'autres en exigent trois : « Personæ; id ipsum de quo

____

(1) L. 12, 13, 14, D., *de except. rei jud.*

agitur; causa proxima actionis (1) » ; il y en a d'autres enfin qui n'exigent que deux conditions : « Julianus lib. 3. Digestorum respondit, exceptionem rei judicatæ obstare, quotiens eadem quæstio inter easdem personas revocatur (2). » C'est à cette dernière formule, la plus simple et la plus vraie, que nous nous arrêterons. Nous la suivrons dans l'explication détaillée dans laquelle nous allons entrer sur les éléments constitutifs de la chose jugée.

Et en effet, dès que l'identité de la question de droit existe, il n'y a pas à s'occuper des différences même très-apparentes que peuvent présenter les deux actions. C'est ainsi qu'il peut y avoir lieu à appliquer l'exception de chose jugée alors même que les deux actions n'auraient pas le même nom, que les parties ne joueraient pas le même rôle, que l'objet extérieur ou juridique du litige ne serait pas le même.

(1) L. 27, D., de except. rei jud.
(2) L. 3, 4, 7, § 4, D., eod.

CHAPITRE II

Identité de la question de Droit

L'identité de la question de droit est la première condition essentielle à l'existence de l'exception de la chose jugée dont nous ayons à nous occuper. Cette identité ne pourrait pas exister s'il s'agissait d'objets matériels différents (1) ou si le droit réclamé n'était pas le même (2) ; mais elle peut exister malgré certaines différences apparentes, comme aussi elle peut ne pas exister bien qu'il y ait entre les deux questions une certaine apparence d'identité.

Il faut que la chose demandée dans le second procès soit la même que celle demandée dans le premier, mais il n'est pas nécessaire qu'elle soit absolument dans le même état, qu'elle n'ait pas subi la moindre modification entre les deux demandes. L'objet peut

(1) L. 20 et 21 pr., D., *de except. rei jud.*
(2) L. 31, *eod.*

avoir changé de forme, d'aspect, d'utilité ; si sa substance n'est pas altérée, on n'en reconnaîtra pas moins qu'il est le même. C'est ainsi que l'exception peut être opposée à celui qui, ayant succombé en réclamant un troupeau, intente de nouveau son action alors même que le nombre des têtes aurait augmenté ou diminué, ou qu'il ne s'y trouverait plus que des têtes qui n'existaient pas lors de la première demande (1).

Le rejet de l'action de la propriété n'empêche pas d'exercer plus tard la *condictio*, quoique les deux actions aient extérieurement le même but, celui d'attribuer la chose litigieuse au demandeur : « Paulus res-« pondit ei, qui in rem egisset, nec tenuisset, postea « condicenti non obstare exceptionem rei judicatæ (2). »

Le rejet d'une action motivée sur un *dolus* n'empêche pas d'exercer plus tard l'action aquilienne, car celle-ci peut ne reposer que sur une simple *culpa* (3).

Lorsqu'une personne a deux actions tendant à la satisfaction d'un même droit, elle peut à son choix employer l'une ou l'autre ; mais, en en exerçant une, elle éteint l'autre : *una electa, altera tollitur*. On applique ici l'autorité de la chose jugée, que ces actions aient un objet identique, comme dans l'action *de tigno juncto* et l'action *ad exhibendum*, ou que cet objet soit différent, parce dans l'un et l'autre cas la question

(1) L. 14, pr., *D.*, *de except. rei jud.* — L. 21, § 1, *D.*, *eod.*
(2) L. 31, *D.*, *de except. rei jud.*
(3) L. 13, *D.*, *Liberali causa*, XL, 12.

de droit est la même. Je n'en prendrai qu'un seul exemple. Un esclave commet un délit : d'après la loi des douze Tables, son maître, s'il est *conscius*, est soumis à l'action noxale. D'un autre côté, d'après la loi Aquilia, il est soumis à une action *in solidum*. La victime choisit l'action noxale, et elle ne parvient pas à prouver que le maître est *conscius*, elle succombe. Elle ne pourra pas revenir à l'action *in solidum*, sous peine de se voir repousser par l'exception de chose jugée (1). On ne peut intenter que l'une des deux actions, quelle que soit la solution du procès. Si on triomphe, la règle du concours des actions empêche que l'on puisse intenter la seconde, et, si on succombe, on est arrêté par l'exception de chose jugée (2).

Pour que la question de droit soit la même, il ne suffit pas qu'il s'agisse d'objets matériels semblables ou que le droit réclamé soit le même, il faut encore, du moins lorsqu'il s'agit d'actions personnelles, que la nouvelle demande soit fondée sur la même cause que la première (3).

Il ne faut pas confondre l'événement juridique, qu'on appelle la cause, avec les moyens de preuve qui servent à l'établir. La diversité des moyens de preuve n'empêche pas l'existence de la chose jugée, car rien ne se-

---

(1) L. 4, § 5, *D.*, *quod cum eo*, XIV, 5.

(2) Cf. L. 56, *D.*, *de re jud.*, XLII, 1. — L. 38, § 1, *D.*, *pro socio*, XVII, 1. — L. 28, § 4, *D.*, *de jurejur*, XII, 2.

(3) L. 11, § 4, *D.*, *de except. rei jud.*

rait plus facile à un plaideur qui voudrait éterniser un procès, que de trouver de nouveaux moyens de preuves qui lui permettraient de remettre toute l'affaire en question. C'est ce qu'exprime le jurisconsulte Neratius dans la loi 27, n. t., lorsqu'il dit qu'il faut appliquer la chose jugée, quand bien même *nova instrumenta causæ suæ reperisset*.

Par exception, la diversité des moyens fait obstacle à l'exception de chose jugée dans le cas de faux (1), ou lorsque les moyens différents sont proposés par le trésor public, qui avait d'abord succombé (2).

§ I

DE LA RÈGLE PARS IN TOTO

L'identité absolue de l'objet n'est pas nécessaire pour donner lieu à l'application de notre exception. C'est ainsi que chaque partie d'un tout étant comprise dans ce tout, la solution donnée sur le tout embrasse chacune des parties qui le compose, de telle sorte qu'il y a lieu d'appliquer notre exception, bien que l'objet n'ait pas l'air d'être le même. Je vais en donner des exemples. Cette règle est formulée dans la loi 113, *de regulis juris : In toto et pars continetur* (3). Remar-

(1) L. 11, *D.*, *de except.*, XLIV, 1.

(2) L. 35, *D.*, *de re jud.*, XLII, 1.

(3) Cette règle est également vraie sous les deux formes que l'exception a revêtues, bien que pour des motifs différents. Cf. de Savigny, p. 453.

quons en passant qu'elle fournit une preuve de plus de la bonté de la division que nous avons adoptée, car ici il n'y a évidemment pas même objet, *eadem res*, mais même question de droit, *eadem quæstio*.

Ulpien, au commencement de la loi 7, nous dit : « Si quis, cum totum petisset, partem petat, exceptio rei judicatæ nocet ; nam pars in toto est : eadem enim res accipitur, etsi pars petatur ejus, quod totum petitum est. » C'est cette règle qui, sous le système formulaire, avait abouti à l'inexorable logique de la *plus petitio*, lorsque la formule était *certa*. Et, en effet, le juge recevait le pouvoir de condamner, si la prétention était entièrement justifiée ; d'absoudre, dans le cas contraire. Or, la prétention n'était pas justifiée, puisque tout ce qu'on demandait n'était pas dû. Et il était impossible d'introduire plus tard une nouvelle action sur la même affaire, puisqu'on eût été repoussé par la règle *in toto et pars continetur* : « causa cadebat, id est rem amittebat, » disent les Institutes (1).

Cette règle étant posée, nous allons énumérer certains cas particuliers qui sont prévus par les textes des jurisconsultes et qui nous aideront à bien comprendre la règle et à lui donner le sens qu'elle doit avoir.

Il y a toujours lieu d'appliquer la règle, que la chose demandée soit un corps certain, une quantité ou un droit : « Nec interest utrum in corpore hoc quæratur, an in quantitate, vel in jure. » Le premier procès que

____

(1) Lib. IV, tit. VI, § 33.

j'avais intenté roulait sur un fonds de terre. Dans le second, je demande une partie de ce fonds, ou une île qui s'est formée dans la rivière qui le longe. Dans ce cas, l'exception de chose jugée peut être opposée : « Item, si fundo petito, postea insula, quæ e regione ejus in flumine nata erit, petatur, exceptio obstatura est (1). » Il en serait de même si, ayant d'abord demandé un troupeau, je réclamais ensuite une brebis de ce troupeau, ou si, ayant réclamé une maison, je prétendais au sol nu, aux poutres ou aux pierres (2). Et ceci s'explique très-bien par cette idée, que le juge ayant le droit d'adjuger seulement une partie des conclusions, quand il repousse complétement la demande, reconnaît par là même qu'elle n'est fondée sur aucun point.

Après avoir posé au commencement de la loi 7 le principe que nous venons d'invoquer, Ulpien se met en contradiction avec lui-même dans le paragraphe 2 : « Sed in cæmentis et tignis diversum est ; nam is, qui insulam petit, si cæmenta, vel tigna, vel quid aliud suum petat, in ea conditione est, ut videatur aliud petere. » Le jurisconsulte nous en donne aussitôt une excellente raison : « Etenim cujus insula est, non utique et cæmenta sunt ; denique ea, quæ juncta sunt ædibus alienis, separata dominus vindicare potest. »

Et en effet, nous savons que, lorsque sur le terrain

---

(1) L. 26, § 1, D., *de except. rei jud.*
(2) L. 21, § 1. — L. 7, D., *eod.*

d'une personne, une maison est construite avec les matériaux d'une autre personne, la maison appartient à la
première, et la seconde ne peut pas agir *ad exhibendum.*
Elle ne peut exercer que l'action *de tigno juncto,* pour
se faire indemniser du préjudice qu'elle éprouve. Le
droit de se faire restituer ses matériaux ne lui est rendu
que quand la maison est détruite.

Ceci est parfaitement vrai, mais ne contredit pas la
règle *pars in toto.* Et en effet, les matériaux ne peuvent
pas être considérés juridiquement comme formant une
partie de la maison, car jamais le juge devant lequel
on est venu réclamer la maison n'aurait pu accorder les
matériaux seulement. Si en effet on n'est pas propriétaire de la maison, on n'a de droit aux matériaux que
par suite d'une propriété antérieure à la construction ;
et cette propriété, elle sommeille, pour ainsi dire, tout
le temps que la maison est debout. En somme, les matériaux et la maison forment deux objets si essentiellement distincts, que l'on ne peut agiter la question de
propriété des matériaux que quand on ne peut plus se
disputer la maison détruite.

Mais alors, comment se fait-il que le *principium* ait
pu donner une solution contraire à celle du paragraphe 2?
Il s'est produit à cet égard plusieurs opinions, que nous
allons rapidement examiner.

Les uns, avec M. de Savigny (1), soutiennent que
cette décision, qui n'était pas celle d'Ulpien, est due

(1) M. de Savigny, t. VI, appendice XVI.

uniquement à une mauvaise coupure des phrases de ce jurisconsulte, qui ont été insérées dans cette loi. Ils proposent donc d'écarter toutes ces difficultés au moyen d'une division nouvelle des paragraphes. Ils proposent de joindre toute la fin du *principium*, depuis *item si quis fundum*, à la première moitié du paragraphe 1ᵉʳ. Ce paragraphe, ainsi composé, contiendrait une série d'espèces difficiles à résoudre, sur lesquelles Ulpien ne donnerait aucune décision et se contenterait d'observer qu'elles ont donné lieu à des doutes et à des controverses. « Il ajoute que l'exception est réellement applicable dans *presque tous* les cas qu'il a représentés comme douteux. Il se livre, dans le paragraphe 2, à l'examen spécial d'un de ces cas douteux, auquel l'exception n'est pas applicable (1). »

Nous ne saurions admettre cette modification qui est d'ailleurs complétement inutile à l'explication de ce texte qui n'offre qu'une contradiction apparente, puisqu'en réalité il vise deux espèces différentes, ainsi que nous allons essayer de le démontrer tout à l'heure. Le jurisconsulte a répété deux fois le mot *item*, afin de nous faire voir clairement qu'il entendait résoudre ces deux difficultés de la même manière. C'est l'équivalent de *idem erit probandum*, employé plus haut dans la loi.

D'autres, laissant subsister complétement la contradiction, supposent qu'Ulpien, ayant d'abord énoncé un peu à la légère une foule d'objets unis entre eux par la

____

(1) M. de Savigny, *loc. cit.*

relation de tout à partie, est revenu sur sa pensée. Se rappelant tout à coup la position spéciale du propriétaire dont la maison a été construite sur le terrain d'autrui, il aurait distingué l'édifice et les matériaux, et aurait donné la solution que nous trouvons dans le paragraphe 2. — Ce qui les décide à adopter ce système, c'est que cette loi qui, en son commencement et sa fin, se distingue par la profondeur des principes et la clarté de ses décisions, est en son milieu pleine d'obscurité et de contradictions apparentes. Nous ne pouvons pas approuver cette solution, qui fait peser sur le jurisconsulte romain un reproche tout gratuit d'inattention et de légèreté, alors que les décisions qu'il nous donne s'expliquent parfaitement par les principes eux-mêmes sur lesquels elles reposent.

Une troisième explication a été donnée, et c'est celle-là que nous adoptons. Elle consiste à dire que l'espèce visée dans le principium n'est pas la même que celle du paragraphe 2. Lorsque, après avoir demandé une maison ou un vaisseau, j'en réclame ensuite les pierres, les poutres ou les planches, l'exception de chose jugée peut-elle m'être opposée? Pour pouvoir répondre à cette question, il faut user d'une distinction. Oui, elle pourra m'être opposée, si les pierres, les poutres ou les planches sont réclamées comme faisant partie de la maison ou du vaisseau, et c'est là l'espèce prévue par le principium. Au contraire, l'exception de chose jugée ne pourra pas m'être opposée, si je revendique ces pierres, ces poutres ou ces planches après la destruction de la maison ou du vaisseau, comme choses principales, car le propriétaire de la maison peut très-bien ne pas être le propriétaire des matériaux qui ont servi à sa construction. Cette seconde hypothèse est celle qui est réglée par le paragraphe 2 de notre loi. La contradiction que nous avons signalée entre ces deux décisions n'est donc qu'apparente.

Si la composition de notre loi est si peu régulière, si les solutions qu'elle donne sont si hésitantes, c'est qu'Ulpien écrivait à une époque où les deux fonctions de l'exception coexistaient, et où la fonction positive n'ayant pas encore prévalu, les jurisconsultes romains n'osaient l'adopter que quand, par les termes du raisonnement, ils semblaient rester d'accord avec la fonction négative. C'est ainsi que s'expliquent les paragraphes 1 et 3, qu'il faut rapprocher l'un de l'autre. « Je revendique une esclave que je croyais enceinte; le juge me la refuse. Après la *litis contestatio*, elle conçoit et met au monde un enfant. Si je revendique cet enfant, est-ce la même chose ou une autre chose que je réclame? C'est une grave question. » Pourquoi est-ce une grave question? Il nous semble tout naturel d'échouer dans notre prétention, puisque nous avons échoué en réclamant la mère.

Ce qui embarrassait Ulpien, c'est qu'il voyait bien la règle de la *eadem quæstio* applicable à son espèce; mais il voulait y arriver sans se départir de la *eadem res* au moyen de la maxime *pars in toto*. Pour y arriver, il nous donne aussitôt la définition de la eadem res :

« Totiens eamdem rem agi, quotiens apud judicem pos-
teriorem id quæritur, quod apud priorem quæsitum
est. » C'est à bien peu de chose près la *eadem quæstio*.
Pour montrer que ce principe domine, il ajoute : « In
his *fere* omnibus exceptio nocet (1). »

Afin de faciliter la solution, Ulpien nous annonce que
la même difficulté, que nous venons de trouver pour
l'enfant de l'esclave, existe également pour les fruits
d'un fonds. Ces choses n'existaient pas quand le fonds
ou la mère ont été réclamés, il n'y a donc pas
eadem res, et cependant toutes deux sortent de la
chose primitivement demandée. C'est donc une raison
d'appliquer l'exception : « Magisque est ut ista exceptio noceat. »

Nous adoptons le texte de M. de Savigny, bien qu'il
soit en contradiction avec le texte de la Vulgate et celui
des Florentines ; car, si Ulpien a beaucoup hésité avant
de donner cette solution, on peut expliquer son hésita-
tion par son respect pour la tradition. Mais on ne
peut pas admettre que ce respect l'ait entraîné jusqu'au
point de donner une solution qu'il sentait être mauvaise. Et d'ailleurs, notre texte ainsi rectifié marche
parfaitement d'accord avec le § 4 de notre loi qui dit :
« Exceptio rei judicatæ obstat quotiens inter easdem
personas *eadem quæstio* revocatur. »

(1) Nous ne pouvons admettre la rectification proposée par quelques commentateurs et qui consisterait à supprimer le mot *fere*, car
alors la solution serait donnée tout de suite, et le paragraphe 3
n'aurait plus d'objet.

Les **deux** espèces qui terminent notre loi et qui sont relatives à la matière de la pétition d'hérédité rentrent incontestablement dans le domaine de la *eadem quæstio*, mais sont complétement étrangères à celui de la *eadem res*. Car, lorsque après avoir réclamé une chose en particulier, on réclame une hérédité tout entière, ce n'est pas une réunion de choses que l'on demande, mais la qualité d'héritier. La solution donnée ici par Ulpien est donc encore une nouvelle confirmation de la modification que nous avons fait subir à son texte.

Voyons maintenant quelques exemples de tout et de partie dans les choses incorporelles, *in jure.*

Les décisions qui se rattachent à la propriété ne motivent jamais l'exception contre l'action relative à la possession et réciproquement : « Si quis interdicto egerit de possessione, postea in rem agens non repellitur per exceptionem ; quoniam in interdicto possessio, in actione proprietas vertitur (1). » La propriété et la possession ne sont pas deux droits sur la chose, l'un plus large, l'autre plus restreint ; ces deux droits sont essentiellement différents, de telle sorte que l'affirmation de l'un n'est jamais en contradiction avec la négation de l'autre. « Nihil commune habet proprietas cum possessione (2). »

Lorsque, après avoir succombé dans une demande

----

(1) L. 14, § 3. *D.*, *de except. rei jud.*
(2) L. 12, § 1, *D.*, *de adquir. vel om. poss.*, **XII, 2.**

d'usufruit, je viens réclamer un droit d'usage sur le même immeuble, je ne serai pas repoussé par l'exception de chose jugée. Car il n'y a ici ni la même chose, ni une partie de la chose demandée, puisque le droit d'usage et le droit d'usufruit sont parfaitement distincts.

Toutefois, il en serait autrement si je m'étais d'abord vu refuser le droit d'usage. Et en effet, si je ne puis pas prendre les fruits dont j'ai besoin pour mon usage personnel et celui de ma famille, je n'ai pas, à plus forte raison, le droit de prendre tous les fruits de ce fonds.

La loi 21, § 3, qui compare la demande de la propriété et celle de l'usufruit, distingue l'usufruit causal de l'usufruit formel. Après avoir succombé dans la réclamation d'un fonds, je demande l'usufruit de ce même fonds en qualité de propriétaire ; l'exception doit m'être opposée, car je réclame une chose que j'ai déjà demandée. L'usufruit causal dont il s'agit ici était compris dans la propriété qui faisait l'objet de la première demande.

Mais, si après avoir échoué sur la propriété du fonds, je revendique l'usufruit comme étant une charge imposée au fonds, alors je n'ai pas à craindre l'exception. Je revendique l'usufruit formel et je succombe faute de preuves ; puis j'acquiers la propriété pleine et entière du fonds sur lequel j'avais cru avoir un droit d'usufruit ; je puis très-bien en réclamer l'usufruit, sans que l'exception puisse m'être opposée, car *alia res est*. Le second usufruit que je demande fait partie de ma propriété ; c'est donc comme propriétaire que j'agis : « jure proprietatis, quasi ex nova causa, rursus meus esse cæpit. »

Celui qui a échoué dans la demande d'une partie d'une chose ne peut plus demander la chose entière sans se voir repousser par l'exception de chose jugée. Car, si le demandeur n'a pas droit à une partie de la chose, à plus forte raison n'a-t-il pas droit au tout, puisque le tout comprend la partie. Si, après avoir demandé certaines choses de l'hérédité et avoir succombé faute d'avoir pu prouver sa qualité d'héritier, la même personne demande à la même personne l'hérédité dans son ensemble, elle sera repoussée par l'exception de chose jugée (1).

Un homme poursuit un débiteur de l'hérédité, et succombe : puis il intente la pétition d'hérédité : le même raisonnement lui fait appliquer la même exception.

Au contraire, lorsque j'ai succombé dans une demande d'intérêts, je puis très-bien réclamer le capital sans être repoussé par l'exception de chose jugée (2). J'ai pu échouer dans ma demande d'intérêts, alors même que le capital m'était dû ; car les intérêts pouvaient ne pas m'être dus, ou avoir été payés. Mais, si j'avais commencé par demander le capital et si j'avais succombé, je ne pourrais plus réclamer les intérêts sans me voir

(1) L. 3, D., de except. rei jud. — L. 7, § 5. — L. 15, D., eod.
(2) L. 13, D., eod.

repousser par l'exception de chose jugée, parce qu'il ne peut pas y avoir d'intérêts, quand il n'y a pas de capital dû.

Dans tous ces cas, nous sommes obligés, pour savoir s'il y a oui ou non chose jugée, d'examiner les motifs du jugement qui ont alors une certaine autorité, mais pas ausi considérable que celle que M. de Savigny a voulu leur attribuer (1). Nous ne voyons nulle part de dispositions qui ordonnent aux juges de motiver leurs jugements ; mais il est impossible d'en douter en présence des termes très-clairs de plusieurs lois du Digeste (2).

Au contraire, lorsque la première demande avait été favorablement accueillie par le juge, on n'avait plus à s'occuper des motifs du jugement : toutes les causes avaient été reconnues vraies ; si donc l'une d'elles reparaît dans une autre demande, elle y reparaît appuyée de l'autorité de la chose jugée.

La règle *pars in toto* rigoureusement appliquée pouvait avoir de très-grands inconvénients auxquels il fallait parer. C'est ainsi que la propriété du fonds Sempronien va m'être acquise, si je me fais reconnaître un droit de passage sur le fonds Cornélien, alors que ce droit de passage ne peut m'appartenir que si je suis propriétaire du fonds Sempronien. Il serait fâcheux qu'un procès, roulant sur un aussi faible intérêt, décidât d'un intérêt beaucoup

____

(1) M. de Savigny, p. 357 et suiv.
(2) L. 15, 17, 18. D., *de except. rei jud.* — L. 7, D., *Compens.*, XVI, 2.

plus grand, alors surtout que la propriété a été probablement supposée et non sérieusement discutée.

Tel était le mal auquel un remède était nécessaire ; ce remède se trouve dans le *præjudicium*, ou ordre que le magistrat donnait au juge et par lequel il lui défendait de prononcer sur l'intérêt moindre qui lui était soumis, avant d'avoir jugé d'abord, et avec toute l'attention nécessaire, l'intérêt le plus grand. Dans notre espèce, la formule contenait ces mots : *Quod præjudicium prædio non fiat.* Avant d'accueillir la demande de passage sur le fonds Cornélien, jugez d'abord qui est propriétaire du fonds Sempronien (1).

§ II

DE LA RÈGLE NON TOTUM IN PARTE

Nous en avons fini avec les difficultés relatives à la règle *pars in toto* ; examinons maintenant celles qui naissent à propos de la règle inverse : *Non totum in parte.* Le sens de la règle est celui-ci : Après avoir échoué en demandant une partie d'un tout, on peut réclamer ce tout sans avoir à craindre d'être repoussé par l'exception de chose jugée, si toutefois on a eu soin d'écarter de la nouvelle demande ce qui avait fait l'objet de la première.

(1) L. 54. D., *de jud.*, v., 1. — Cf. l. I, § 2, et l. 4, §.1, D., *ne de statu defunct.*, v, 15.

Il peut arriver cependant que la nouvelle demande ne soit pas recevable, alors même que l'on ferait la déduction que nous venons d'indiquer. La loi 26 de notre titre nous en fournit un exemple. J'ai prétendu contre vous que j'avais le droit d'élever ma maison de dix pieds ; je prétends maintenant pouvoir l'élever de vingt. Dans ce cas, l'exception est opposable, car la partie supérieure de l'édifice ne peut exister que si la partie inférieure existe.

Notre titre nous fournit des exemples de la règle *non totum in parte* dans lesquels on écarte l'exception. Lorsque, après avoir demandé une servitude sur un fonds, on en demande une autre, il n'y a pas lieu d'appliquer l'exception, quoique l'une contienne l'autre.

Le droit de passage existait à Rome sous trois formes : *iter*, *actus*, *via*. Bien que dans la loi 11, § 6, Ulpien nous dise, en parlant d'un homme qui après avoir succombé en demandant *iter*, demande ensuite *actus* : « Aliud videri tunc petitum, aliud nunc. » Il n'en est pas moins vrai que *iter* est une partie de *actus* (1). Mais en réalité il y a là deux servitudes d'espèces différentes ayant des noms différents, et par conséquent il n'y a pas lieu à l'exception.

---

(1) Ceci résulte de la l. 1 pr. *D.*, *de servit. præd. rust.*, VIII, 3. .... *Qui habet actum et iter habet..., nam et iter et actum in se via continet.*

§ III

DE LA BASE DU DROIT LITIGIEUX DANS LES DEUX ACTIONS

L'exception de chose jugée s'applique, alors même que la base du droit litigieux n'est pas la même dans les deux actions, c'est-à-dire alors même qu'il n'y a pas identité de cause, pourvu toutefois que nous ayons une seule et même question de droit, *eadem quæstio.* Ce principe n'a pas d'ailleurs toute l'étendue et toute l'importance pratique que nous semblons lui donner, car il subit une notable exception pour les actions personnelles et même pour les actions réelles dans certains cas et sous certaines conditions que nous indiquerons plus loin. Posons d'abord le principe.

Examinons la distinction que les jurisconsultes romains faisaient entre les actions réelles et les actions personnelles : « Actiones in personam ab actionibus in rem differunt, » dit Paul, dans la loi 14, § 2, au Digeste, *de except. rei jud.*

Lorsqu'il s'agit d'une action personnelle, le fait générateur de la demande, la *causa proxima actionis* est exprimée, soit dans la *demonstratio,* soit dans l'*intentio* de la formule : dans la *demonstratio,* quand il est question d'une action *in jus;* dans l'*intentio,* quand l'action est *in factum.* De là, il suit que le demandeur ne déduit *in judicium* qu'une seule des causes sur lesquelles son action personnelle peut être fondée, et que cette cause seulement est soumise à l'examen du juge. En conséquence, si le demandeur succombe et si plus tard il réclame la même chose, en fondant son action sur une cause différente, l'autorité de la chose jugée ne saurait lui être opposée. Tel est le sens de la loi 14, § 2, n. t., quand elle dit : « Singulas obligationes singulæ causæ sequuntur, nec ulla earum alterius petitione vitiatur; » et de la loi 159 *de Regulis juris* : « Ex pluribus causis deberi nobis idem potest. »

La même personne peut me devoir la même somme pour une vente que je lui ai consentie, pour une donation qu'elle m'a faite, ou pour des dommages-intérêts résultant d'un dégât qu'elle m'a causé. En spécifiant une des causes pour lesquelles cette somme m'est due, je laisse intact mon droit de venir plus tard réclamer ce qui m'est dû pour d'autres causes (1).

Les actions réelles sont régies par des règles bien différentes. En effet, leur formule n'a pas de *demonstratio;* d'autre part, l'*intentio* n'exprime pas la *causa.* Ainsi, la formule de la revendication est conçue de la manière suivante : « Si paret fundum capenatem Auli Agerii esse ex jure quiritium, quanti ea res erit, judex, condemna. » D'où la conséquence que le demandeur déduit *in judicium*, et soumet à l'examen du juge toutes

____

(1) Cf. L. 18 D., *de oblig. et act.*, XLIX, 7. — L. 28, §§ 13 et 14. D., *lib. leg.*, XXXIV, 4. — L. I, § 10. D., *quando de pecul.*, XV, 2.

les causes en vertu desquelles il peut être propriétaire antérieurement à la *litis contestatio*. Donc, s'il vient à succomber et si ensuite il réclame la même chose, il sera repoussé par l'exception de chose jugée. Vainement, dans le procès nouveau, allèguerait-il une cause différente de celle qu'il a invoquée devant le premier juge, on lui répondrait que la première action a complétement épuisé son droit. Cela est vrai de toutes les actions réelles, car la loi 14, § 2, n. t., ne fait aucune espèce d'exception : « At, cum *in rem* ago non expressa causa, ex qua rem meam esse dico, omnes causæ una petitione adprehenduntur : neque enim amplius quam semel res mea esse potest ; sæpius autem deberi potest. »

.Notre titre nous fournit plusieurs exemples dans lesquels ce principe est appliqué.

Je revendique un esclave que je croyais avoir reçu par tradition et je succombe ; je découvre ensuite qu'il m'appartient à titre héréditaire. Je ne puis pas renouveler ma demande : Rursus petenti obstaturam exceptionem, dit le jurisconsulte (1). Il en serait de même, s après avoir revendiqué un objet à titre héréditaire je découvrais qu'il me venait d'une donation (2).

Primus, héritier légitime *ab intestat* et pour moitié de Mœvius, a été institué héritier par lui pour le 1/6 seulement. Il attaque le testament et succombe. Si plus tard il réclame le 1/6 que ce testament lui accordait,

---

(1) L. 11, § 1. D., *de except. rei jud.*
(2) L. 11, § 5, D., *cod.*

on lui opposera l'exception de chose jugée. Il demande au même titre une chose déjà réclamée, car la moitié renfermait le 1/6 (1).

Ces solutions, dont la rigueur a pu paraître excessive et qui ont fait dire à quelques auteurs que la distinction romaine était une institution arbitraire, indiquent pourtant un principe philosophique dont ils déduisaient les conséquences avec l'inflexible logique qui les caractérise. Ils y étaient conduits par cette raison que nous trouvons dans la loi 14, §2, n. t. : « Neque enim amplius quam semel res mea esse potest. » Le jurisconsulte n'admet pas qu'un homme puisse prétendre être au même moment propriétaire en vertu de deux événements différents qui le constitueraient deux fois propriétaire de la même chose.

Mais, si toutes les causes en vertu desquelles le demandeur peut être propriétaire antérieurement à la *litis contestatio* sont ainsi déduites *in judicium*, il n'y a qu'elles qui le soient. Le juge n'a point à s'occuper de celles qui pourraient survenir au cours de l'instance en faveur du demandeur. Il sortirait des bornes de son mandat, s'il les examinait. Par suite, lors même que le demandeur succomberait dans sa demande, il pourrait de nouveau revendiquer la même chose contre les mêmes personnes, en basant cette fois son action sur la cause de propriété née postérieurement à la *litis contestatio* pendant le premier procès. L'exception *rei*

____

(1) L. 30 pr. *D.*, *de excep. rei jud.*

judicatæ ne saurait en pareille hypothèse servir à le repousser, car il n'y a pas chose jugée sur la question actuellement pendante.

C'est ainsi que celui qui a échoué dans sa demande, faute d'avoir telle qualité, peut la renouveler lorsqu'il a acquis cette qualité. N'étant pas encore héritier, j'ai formé une demande en revendication d'un bien héréditaire contre le possesseur d'une succession, et j'ai été repoussé dans ma prétention. Je ne serai pas déclaré non recevable dans la nouvelle action que j'intenterai lorsque je serai devenu héritier (1).

En sens inverse, si j'ai été absous parce que je n'avais pas telle qualité, je pourrai être poursuivi de nouveau, si je l'acquiers. J'ai cessé de posséder sans dol votre chose que vous me réclamez, je serai absous; mais, si je rentre en possession de cette chose, vous pourrez renouveler votre action contre moi, sans que l'exception de chose jugée vous soit opposable (2).

Paul, contre lequel j'ai intenté une action en pétition d'hérédité, est renvoyé de la demande, parce qu'il ne possède rien de la succession; je pourrai très-bien renouveler ma demande contre lui sans craindre l'exception de chose jugée, s'il vient à en posséder quelque chose (3).

Je meurs après avoir fait un testament dans lequel

(1) L. 25 pr. *D.*, *de except rei jud.*
(2) L. 17. — L. 18. *D.*, *eod.*
(3) L. 9. *D.*, *eod.*

j'ai omis mon fils. Un créancier héréditaire agit contre mon héritier, mais il échoue parce que le testament est tel, que la possession de biens peut être demandée. Le créancier héréditaire sera justement restitué dans son action contre l'héritier, si mon fils ne demande pas cette possession (1).

Nous n'avons parlé jusqu'ici que des causes nouvelles appelées par Pothier *causæ supervenientes ex parte rei*, qui ne constituent qu'un changement dans la qualité en laquelle le défendeur est poursuivi. Mais il y a encore les causes nouvelles proprement dites, que Pothier appelle *causæ supervenientes ex parte actoris* (2).

J'ai revendiqué une chose comme m'ayant été léguée et j'ai succombé. Je pourrai très-bien recommencer ma demande, si plus tard je l'acquiers par tradition, par donation, ou si elle m'est léguée par un autre testament.

De ce qu'en général la formule des actions réelles n'exprime pas la cause en vertu de laquelle agit le demandeur, devons-nons conclure que celui-ci ne puisse pas l'y faire insérer? Bien que des romanistes éminents (3) aient prétendu le contraire, nous pensons

---

(1) L. 2. *D., eod.*

(2) Pothier, *Pandectæ justinianeæ, de except. rei jud.*, XVI.

(3) Puchta a contesté l'existence de cette faculté, mais M. de Savigny a soutenu en sa faveur une lutte très-vive et nous croyons qu'il l'a fait victorieusement. Elle est généralement admise par les jurisconsultes français. Cf. *de Savigny*, t. VI, Appendice, XVII.

que le demandeur aurait eu, s'il l'avait voulu, la faculté
de restreindre la déduction de son droit en justice à une
cause spéciale, en la faisant mentionner dans la formule
au moyen d'une *præscriptio* et par exemple de la præscriptio *ea res agatur de mancipato fundo*. Suivant nous,
les expressions de la loi 14, § 2, n. t., *at cum in rem ago
non expressa causa*, ne doivent pas être entendues dans
le sens d'une impossibilité juridique qui aurait fait
obstacle à l'insertion d'une *præscriptio* dans la formule.
L'ablatif absolu *expressa causa* n'indique qu'une circonstance de fait, une omission purement volontaire,
ou une inadvertence de la part du demandeur, qui n'a
pas pris la précaution de restreindre sa demande à
une cause spéciale de propriété. La loi 11, § 1, n. t.,
n'est autre chose qu'une application de la loi 14, § 2,
telle que nous venons de l'entendre. Ce qui nous confirme dans notre opinion, c'est la loi 11, § 2, n. t. Le jurisconsulte suppose que le demandeur a revendiqué un
fonds *eo quod Titius eum sibi tradiderit*. Cela ne signifie
pas que le demandeur s'est contenté de faire valoir
devant le juge la tradition qui lui aurait été faite par
Titius, mais qu'il a fait de cette tradition l'objet d'une
præscriptio ainsi conçue : « Ea res agatur de fundo a Titio
tradito. » Aussi le jurisconsulte décide-t-il que, si le
demandeur succombe et s'il intente une seconde
revendication fondée sur une autre cause qu'il prendra
soin d'exprimer aussi dans la formule (causa adjecta),
il n'aura rien à craindre de l'exception *rei judicatæ*.

Dans quelle partie de la formule se trouvait cette

causa expressa ? Certains auteurs pensent qu'elle devait être dans la *demonstratio*. Nous, au contraire, nous croyons qu'elle était consignée dans une *præscriptio*, le but de la *præscriptio* étant de restreindre le champ trop étendu que le corps de la formule laissait à l'examen du juge. — Mais peu nous importe la partie de la formule où elle se trouvait ; il nous suffit de savoir qu'elle existait, et nous en trouvons la preuve dans la loi 11, § 2.

D'ailleurs, il y a au Digeste et au Code des lois qui sont inexplicables pour ceux qui n'admettent pas la doctrine de la *causa expressa*. C'est en particulier la loi 47, D., *de hæredit. pet.*, v, 3, et la loi 14, C., *de inof. test.*, iii, 28. Elles expriment cette idée, que l'on peut attaquer, pour inofficiosité ou pour vice de formes, un testament que l'on avait en vain essayé de faire tomber comme faux et réciproquement. Ce sont des actions *in rem*, intentées plusieurs fois pour des causes qui existaient en même temps ; il faut donc reconnaître la vérité de la doctrine que nous venons de professer (1).

---

(1) La loi 19, D., *bon. libert.*, xxxviii, 2, n'est pas contraire à notre doctrine. Le patron qui a échoué en attaquant comme faux le testament de son affranchi, n'est pas repoussé par l'exception de chose jugée quand il l'attaque pour inofficiosité, mais parce qu'il a fait au testament une injure qui le rend indigne de la *bonorum possessio contra tabulas.*

CHAPITRE III

Identité des personnes

La deuxième condition exigée pour qu'il y ait autorité de la chose jugée est l'identité des personnes qui figurent comme parties dans le premier procès. Les sentences comme les conventions ne produisent d'effet qu'entre les parties qui y ont pris part : l'autorité de la chose jugée ne peut jamais être invoquée ni pour ni contre les tiers (1).

Dans les actions personnelles qui établissent un rapport de droit entre deux personnes déterminées, il n'y a aucun doute possible, et il est évident que cette condition est nécessaire à l'existence de la chose jugée. Mais elle est aussi nécessaire dans les actions réelles, où il semble cependant que la chose jugée doit l'être, *erga omnes*, puisqu'elle proclame la qualité de propriétaire qui, par sa nature même, est générale.

Cependant, il ne faut pas prendre trop à la lettre cette règle de l'identité des parties; car, pour que

____

(1) L. 3. — L. 7, § 4. — *D.*, *de except. rei jud.*—L. 63, *D.*, *de re jud.* XXII, 2., *Sæpe constitutum est, res inter alios judicatas aliis non præjudicare.*

l'identité que nous réclamons existe, il n'est pas nécessaire que nous trouvions les mêmes personnes phy-
siques : il faut une identité juridique. C'est ainsi que
ce qui est jugé contre nous l'est aussi contre nos successeurs et ayants cause, qui ne peuvent pas se sous-
traire à la situation qui nous a été faite par le jugement qui nous a donné gain de cause ou qui nous a
condamné. Nous verrons même des cas où un jugement produit ses effets pour ou contre une autre personne, qui n'était partie au procès ni par elle-même,
ni pas ses héritiers ou ayants cause.

Nous sommes engagés par les jugements rendus
contre nos auteurs, lorsque la transmission de nos droits
a eu lieu postérieurement à la demande introductive
d'instance.

§ I

DE LA CHOSE JUGÉE ENTRE LES COHÉRITIERS, COLÉGATAIRES ET COCRÉANCIERS

La chose jugée entre une personne étrangère à la
succession et un colégataire ou un cohéritier n'influe en
rien sur ce qui pourra être jugé entre cette même personne et les autres colégataires ou les autres cohéritiers. Lorsqu'un homme, qui était mon débiteur, vient
à mourir, je suis obligé de diviser mon action et de
poursuivre chacun des cohéritiers pour sa part.

Si on a poursuivi l'un des héritiers à titre de dépôt, on pourra encore poursuivre les autres, et l'exception de chose jugée ne leur profitera pas ; car, quoique ce soit la même question, ce n'est pas entre les mêmes personnes qu'elle s'agite, ce n'est pas la même dette. Le jugement rendu au profit du premier cohéritier n'a statué que sur sa part et ne s'est pas occupé de celle des autres cohéritiers : « Si cum uno hærede, dit la loi 22, n. t., depositi actum sit, tamen et cum cæteris hæredibus recte agitur, nec exceptio rei judicatæ eis proderit : nam etsi eadem quæstio in omnibus judiciis vertitur, tamen *personarum mutatio, cum quibus singulis suo nomine agitur, aliam atque aliam rem facit* (1). »

Un fils injustement exhérédé par son père exerce la *querela inofficiosi testamenti* contre deux héritiers institués dans le testament paternel ; il les poursuit devant deux juges différents ou devant deux chambres différentes du tribunal des centumvirs : il réussit dans sa demande contre l'un et succombe contre l'autre. Les deux sentences recevront chacune leur application dans les rapports du fils et de chacun des héritiers contre lesquels il a plaidé. En d'autres termes, le fils ne pourra pas s'armer de celle des deux sentences qui lui est favorable contre l'héritier vis-à-vis duquel il a succombé ; en telle sorte qu'il prendra la place de celui des deux institués vis-à-vis duquel il a triomphé et par-

---

(1) Il est bien évident qu'ici *alia res* ne veut pas dire un *autre objet*, mais une *autre affaire*.

tagera la succession avec l'autre. L'hérédité appartiendra ainsi partie à l'héritier *ab intestat*, partie à l'héritier testamentaire (1).

Cette solution ne contredit pas la règle *nemo partim testatus, partim intestatus decedere potest.* Tout ce que la règle défend, c'est de mourir en laissant un testament qui n'embrasse pas toute sa fortune. Quand on a satisfait à cette prescription la règle est appliquée. Peu importe ensuite que le testament ne reçoive pas tout son effet et que la fortune soit partagée entre les héritiers légitimes et les héritiers institués (2).

La loi 29, n. t., pose une espèce qui semble faire exception à notre règle, mais qui en réalité ne fait que la confirmer. Voici l'espèce :

J'institue deux héritiers et je les charge par fideicommis d'affranchir un esclave. Cet esclave agit contre l'un d'eux et triomphe ; mais, avant l'affranchissement, l'autre héritier le revendique. Sa demande peut-elle être accueillie malgré la chose jugée contre celui-là ? Le second héritier n'ayant pas été partie au premier procès, il semble qu'on ne puisse pas lui appliquer la chose jugée ; cependant, la liberté sera acquise à l'esclave à cause de la faveur due à la liberté et de l'indivisibilité de l'état des personnes. « Commodius est, dit Papinien, favore libertatis, eum liberum quidem esse. » Mais il devra indemniser celui dont il avait été déclaré l'esclave, et

(1) L. 15, D., *inoff. test.*, V, 2.
(2) C'est ce que Cujas exprime en disant : *Aliud est decadere pro parte intestatum ab initio, aliud postea decessisse videri.*

on aura ainsi tout à la fois satisfait à la faveur due à la liberté et maintenu intacte la règle : « Res inter alios judicata aliis neque nocet neque prodest. »

§ II

DE LA CHOSE JUGÉE AVEC NOTRE AUTEUR

L'acheteur, le donataire, peuvent opposer l'exception de chose jugée qui aurait pu être opposée par le vendeur ou le donateur. Si nous n'accordions pas ce droit à l'acheteur, l'action intentée contre lui réfléchirait contre le vendeur puisque ce dernier doit le défendre et le garantir contre toute éviction.

Ce motif n'existait plus dans les rapports entre le donateur et le donataire, puisque le donateur n'est pas obligé de garantir son donataire, c'est donc par une tout autre raison que l'on a été amené à adopter la même solution. Lorsque nous faisons un contrat, nous sommes censés agir pour nous et pour tous nos ayants cause. Il en est de même lorsque nous plaidons sur une chose. Les droits qui résultent du jugement que nous avons obtenu doivent donc passer à tous nos successeurs.

Mais, si le bénéfice des jugements que nous avons obtenus passe à nos héritiers et ayants cause, il en doit être de même des jugements qui sont obtenus contre nous, puisque nous sommes censés contracter pour nous et pour tous nos ayants cause ; la solution à donner dans le cas qui nous occupe doit être la même que celle que nous donnions tout à l'heure (1).

Dans la loi 9, § 2, n. t., Julien nous enseigne que l'exception de chose jugée ne remonte pas de l'acheteur au vendeur. Vous avez vendu une chose héréditaire, et je triomphe en la réclamant contre votre acquéreur. Si vous venez ensuite me réclamer cette même chose, je ne pourrai pas vous opposer cette exception : « At si ea res judicata non sit inter me et eum cui vendidisti. »

§ III

DE LA CHOSE JUGÉE AVEC NOTRE MANDATAIRE

Lorsqu'une personne en représente une autre en justice, ce qui est jugé contre le mandataire l'est aussi contre le mandant, absolument comme s'il avait comparu lui-même. Ce principe ne souffre aucune difficulté. Mais, pour savoir à quelles conditions une personne pouvait en représenter une autre, il faut étudier les diverses époques de la jurisprudence romaine.

Sous les actions de la loi on avait adopté le principe : *Nemo alieno nomine agere potest* (2). On n'admettait d'exception que dans trois cas :

1° *Pro populo*, c'est-à-dire dans les actions populaires

(1) L. 28. -- L. 11, § 9, D., *de except. rei jud*.
(2) L. 123, D., *reg. juris* (L. 17). Gaius, *Com.* IV, § 82.

ouvertes à tous, ou dans les actions qui appartenaient à une cité, à une corporation et qui étaient exercées par un syndic (1).

2° *Pro libertate.* Celui qui poursuivait sa liberté, ne pouvant pas agir lui-même, était représenté par un *assertor libertatis* qui pouvait recommencer jusqu'à trois fois le procès s'il succombait, tandis que son adversaire qui agissait lui-même ne pouvait l'intenter qu'une fois (2).

3° *Pro tutela*, c'est-à-dire que le tuteur pouvait agir pour son pupille (3).

A ces trois exceptions les Institutes ajoutent celle-ci : « Præterea lege Hostilia permissum erat furti agere eorum nomine qui apud hostes essent, aut reipublicæ causa abessent, quive in eorum cujus tutela essent. »

Sous le système formulaire, on permit de se faire représenter en justice par un *cognitor* ou mandataire, nommé devant le magistrat avec des paroles solennelles. Le nom du *cognitor* était porté par le magistrat dans la *condemnatio*, et ce qui était jugé contre lui l'était aussi contre son constituant.

On pouvait de même constituer un simple *procurator*, sans aucune solennité ; mais il devait fournir la caution *ratam rem dominum habiturum*, car ce qui était jugé contre lui ne l'était pas contre le mandant. Il y

----

(1) L. 4, § 1, *D.*, *quod cujus univ*, III, 4.

(2) L. 4, *C.*, *de adsert. toll.*, VII, 17 ; l. 4, *C.*, *lib. causa*, VII, 16.

(3) *Inst. lib.*, IV, tit. x, pr. M. de Fresquet pense qu'il faut entendre cela du droit qu'a tout citoyen de faire déclarer suspect le tuteur qui agit de mauvaise foi.

avait aussi des mandataires légaux, tels que tuteurs, curateurs, agents de corporations ou municipes. Tant que le pupille était *infans*, le tuteur le représentait ; quand il était sorti de l'*infantia*, c'est-à-dire quand il avait sept ans, le tuteur ne faisait plus qu'interposer son *auctoritas* (1).

Sous la procédure extraordinaire, on finit par assimiler le *procurator* au *cognitor* ; aussi l'usage du *cognitor* tomba-t-il en dessuétude et les compilateurs mirent-ils le mot *procurator* partout où ils trouvèrent celui de *cognitor* (2).

Les femmes et les militaires ne pouvaient pas être *procuratores ad litem*, et, sous les empereurs, certains magistrats, tels que les préteurs, préfets de la ville ou du prétoire, ne pouvaient plaider que par procureurs (3).

Il y a des cas où l'exception de chose jugée atteint une personne étrangère au jugement. Nous allons en citer trois exemples puisés dans les textes. Nous n'expliquons pas cette solution par suite d'un rapport d'auteur à ayant cause, mais par une espèce de mandat tacite qui oblige celui qui, de son plein gré, a laissé un autre que lui soutenir le procès auquel il était directement appelé.

Un créancier a laissé sciemment attaquer la propriété de son débiteur sur le gage qu'il en avait reçu ; un

(1) L. 14, § 7, D., *de except. rei jud.* — Gaius, *Com.* **IV**, § 98, frag. *Vat.*, §§ 317 à 341.

(2) L. *unica*, C., *de Satisdand.*, II, 57.

(3) L. 25, C., *de Procurat.*, II, 13.

mari a laissé attaquer la propriété de son beau-père
sur la chose qui lui avait été donnée en dot ; un vendeur a laissé son acheteur plaider sur la chose qui lui
avait été livrée : la chose jugée contre le débiteur,
contre le beau-père, contre le constituant, réagira
contre le créancier, contre le mari, contre le vendeur.
Dans ces trois cas, en effet, le gagiste, le vendeur, le
mari pouvaient empêcher le débiteur, le beau-père,
l'acheteur d'agir sur un droit qui ne leur appartenait
plus. Ils pouvaient tout au moins intervenir dans l'instance ou interjeter appel du jugement rendu (1).

Une solution contraire doit être donnée lorsque nous
ne trouvons plus l'idée d'un mandat tacite. C'est ainsi
que la chose jugée contre l'un des cohéritiers ne préjuge
rien contre l'autre, et que la chose jugée avec un demandeur en revendication n'empêche pas la revendication d'un autre. Ici, en effet, l'héritier, le demandeur
en revendication ne pouvaient pas empêcher un autre
héritier, un autre revendiquant, d'agir. Comme ils
faisaient valoir un droit à eux, ils agissaient à leurs
risques et périls et laissaient intact le droit des autres.

(1) L. 4, § 2, 3, 4. *De appell.*, XLIX, 1. Ajoutons que si le débiteur avait colludé avec l'adversaire ou avait laissé périmer l'instance,
le créancier gagiste ne serait pas représenté par lui.

§ 1V

DE LA CHOSE JUGÉE EN CAS D'INDIVISIBILITÉ, SOLIDARITÉ OU CAUTIONNEMENT

Une difficulté se présente, lorsqu'il s'agit d'exercer un droit indivisible appartenant à plusieurs copropriétaires, une servitude par exemple. Si tous les propriétaires s'entendent pour agir, la difficulté s'évanouit. S'ils ne tombent pas d'accord, nous ne pourrons jamais les forcer à agir. D'un autre côté, on ne pouvait pas, sans injustice, exiger du propriétaire qu'il renouvelât plusieurs fois le même procès. On a décidé alors que ce qui serait jugé contre l'un d'eux le serait également contre les autres : « Si fundus, cui iter debetur, plurium sit, unicuique in solidum competit actio (1). » Si les copropriétaires sont dépouillés de leur droit par la fraude ou la négligence de celui qui a agi, ils auront un recours contre lui pour se faire indemniser du préjudice qu'il leur aura causé. Il aurait pu éviter tout recours en leur faisant en temps utile une *litis denuntiatio.*

Voyons maintenant quelle influence la solidarité ou le cautionnement exercent sur la chose jugée.

Jusqu'à Justinien, il né peut pas être question de

______
(1) L. 4, § 3. *D., si servit. vind.*, VIII, 5.

chose jugée entre *correi* ou entre le débiteur principal et les fidejusseurs, car l'action intentée contre l'un d'eux éteint complétement le droit, même à l'égard des autres : *Electo uno reo alter liberatur* (1). C'est ce qu'exprime la loi 2 de duobus reis (D., xiv., 2.) : « Cum duo eamdem pecuniam aut promiserint, aut stipulati sunt: ipso jure et singuli in solidum debentur, et singuli debent ; ideoque petitione, acceptilatione unius tota solvitur obligatio. » Si le créancier veut intenter son action contre celui qu'il n'avait pas poursuivi d'abord, il est repoussé par l'exception *rei in judicium deductæ.*

La règle *electo uno reo* ne s'appliquait pas aux débiteurs simplement tenus *in solidum* : « Perceptione ab uno facta cæteri liberantur, non electione (2). » Il résulte de la loi 52, § 3, *de fidejus. et mandat.* (D., xlvi, 1), qui le décide formellement pour les *mandatores pecuniæ credendæ*, que la chose jugée pour l'un ne s'appliquait pas aux autres.

Justinien, dans la loi 28, *de fidejus.* (C., viii, 41), abroge la règle *electo uno reo*, de telle sorte que l'action, après avoir été exercée contre un des *correi*, n'en sera pas moins conservée contre les autres. Il devient donc important de savoir si la chose jugée contre celui-ci pourra être appliquée contre celui-là. Nous pensons, avec M. Demangeat, qu'il faut adopter l'affir-

(1) Cf. **M.** Demangeat, *des Obligations solidaires en droit romain,* p. 73 ; p. 95 et suiv.

(2) L. 7, § 4. D., *quod falso tutore*, xxvii, 6.

mative, en se fondant sur la loi 21, § 4, n. t., et sur la loi 42, § 3, *de jurejurando* (D., XII, 2). On tire encore un argument d'induction de la loi 51, § 4, *de evict.*, XXI, 2, parce que ne pouvant plus s'appliquer à l'action *rei in judicium deductæ*, il faut supposer que Justinien a transporté sa décision à l'action *rei judicatæ*.

Quant aux *correi stipulandi*, il paraît assez probable que Justinien n'a pas abrogé la règle que les poursuites exercées par l'un d'eux faisaient tomber le droit des autres. Telle est au moins la solution donnée par M. de Savigny, et qui est suivie par M. Demangeat (*loc. cit.*, p. 83 et 84).

§ V

L'IDENTITÉ PHYSIQUE PEUT DIFFÉRER DE L'IDENTITÉ JURIDIQUE

Le même plaideur peut être regardé comme n'étant pas la même personne lorsque, dans chaque action, il agit avec une qualité différente. C'est ainsi qu'après avoir échoué dans la revendication d'un bien en ma qualité de tuteur, je pourrai recommencer le procès et revendiquer le bien en mon nom personnel, sans qu'on puisse m'opposer l'exception de chose jugée.

Je me suis constitué votre gérant d'affaires et j'ai, en cette qualité, revendiqué un immeuble en votre nom, mais je n'ai pas pu arriver à établir votre propriété et j'ai succombé. Si plus tard vous me donnez un mandat exprès, je pourrai revendiquer le même fonds sans qu'il soit possible de m'opposer l'exception de chose jugée. C'est ce que décide formellement la loi 25, § 2, n. t. : « Si te negotiis meis obtuleris, et fundum nomine meo petieris ; deinde ego hanc petitionem tuam ratam non habuero, sed mandavero tibi, ut ex integro eumdem fundum peteres, exceptio rei judicatæ non obstabit : *alia* enim *res* facta est, interveniente mandato. »

Il en sera à plus forte raison de même, si j'ai succombé en revendiquant, comme avocat, un bien que je découvre plus tard être à moi et que je revendique alors comme propriétaire.

Il n'y a pas lieu non plus à appliquer l'exception, lorsque, après avoir succombé à une action en revendication intentée en mon propre nom, je renouvelle cette même demande en me présentant comme héritier du propriétaire. Telle est la solution que nous trouvons dans la loi 10, D., *de except.*, XLIV, 1.

§ VI

EXCEPTIONS A NOTRE RÈGLE

Nous avons déjà vu, dans notre § 4, des exceptions à la règle de l'identité des personnes ; mais ce ne sont pas les seules. Nous en trouvons encore d'autres en matière de questions d'état et en matière de testaments. Dans ces différents cas, que nous allons examiner rapidement, nous verrons que la chose jugée sera opposée, non-seulement à ceux qui ont été parties au procès par eux-mêmes ou par leurs représentants, mais encore à ceux qui y étaient complétement étrangers.

Quand il y a eu litige sur la légitimité d'un enfant, par exemple, lorsque le mari conteste que l'enfant de sa femme soit né de ses œuvres, le jugement rendu pour ou contre lui a l'autorité de la chose jugée à l'égard de tous ceux qui ont un intérêt dans la question de légitimité. « Placet enim hujus rei judicem jus facere, » dit la loi 3 *de agnosc.* (D., XXV, 3), qui n'est que la suite de la loi 1, § 16, et de la loi 2 au même titre. C'est ce que M. de Savigny appelle le *jus inter omnes*, par opposition au *jus inter partes*.

Lorsqu'un homme, passant pour affranchi, a réclamé la qualité d'ingénu, ou qu'étant en possession de cette dernière qualité il se l'est vu contester par quelqu'un qui invoquait contre lui celle d'affranchi, et que sur ce point il y a eu procès, la sentence rendue dans le sens de l'ingénuité a-t-elle une autorité absolue ou une autorité purement relative? Pour répondre à cette question, d'après les textes, il faut distinguer. Si la qualité de patron est réclamée par un tiers qui n'a point été partie au procès, l'exception *rei judicatæ* ne saurait lui être opposée. C'est ce que décide la loi 1, *si ingenuus*, XL, 14 : « Si libertus alterius alio agente ingenuus pronunciatus esse dicetur, sine ulla exceptione temporis, patronus ejus cognitionem solet exercere (1). »

Mais, si le procès a été soutenu par le patron véritable ou par la seule personne qui réclamait ce titre, alors nul ne saurait contester au jugement une autorité absolue. C'est ainsi que la personne dont l'état s'est trouvé en question ne peut point être exclue du sénat sous le prétexte que la sentence n'est pas conforme à la vérité. De même, nul ne pourrait renouveler le litige pour contester la validité du mariage contracté par cette personne. Mais, pour qu'il en soit ainsi, il faut que le jugement soit contradictoire et qu'il n'y ait pas eu collusion entre les parties (2).

Il y a encore deux autres exceptions en matière de testaments.

Le jugement rendu sur un procès intervenu entre l'héritier *ab intestat* et l'héritier institué a l'autorité de la chose jugée pour ou contre tous ceux qui tiennent leurs droits de ce testament. Les legs de liberté eux-mêmes tombent avec le testament qui les contenait (3). L'application de cette exception est suspendue toutefois, lorsque l'héritier a fait défaut ou lorsqu'il a colludé avec son adversaire (4).

Cette solution était rigoureuse, et on y avait été amené par cette maxime : « Institutio hæredis veluti ca-

---

(1) L. 5, *D.*, *si ingenuus*, XL, 14 ; l. 42, *D.*, *liberali causa*, XL, 12.

(2) L. 27, § 1, *D.*, *lib. causa*, XL, 12 ; l. 24, *de dolo*, *D.*, IV, 3.

(3) L. 3, pr. *D.*, *de pign.* XX, 1 ; l. 8, § 16, *D.*, *de inoff. test.*, V, 2.

(4) L. 50, § 1, *D.*, *de leg.* 1° XXX ; l. 17, § 1, *D.*, *inoff. test.* V, 2.

put atque fundamentum est totius testamenti. » On y a apporté successivement différents tempéraments en faveur de la liberté.

C'est ainsi que, sous les jurisconsultes, les affranchissements sont maintenus, quand le testament n'est attaqué que cinq ans après la mort du *de cujus*. Mais alors chacun des affranchis paye vingt pièces d'or à celui qui a triomphé dans la *querela*.

Paul étend ce privilége aux affranchissements par fidéicommis, alors même que la *querela* serait intentée avant les cinq ans (1). — Justinien réduisit à un an le délai que les jurisconsultes avaient fixé à cinq ans (2). Enfin, dans la novelle 15, *in fine*, il décide que, quand le testament serait attaqué par la *querela inofficiosi testamenti*, l'institution d'héritier seule tomberait et les autres dispositions seraient maintenues.

Il peut arriver que la *querela inofficiosi testamenti* ne profite pas à celui qui l'a intentée. Et, en effet, supposons qu'elle ne soit pas intentée par l'héritier le plus proche parce que ce dernier renonce à s'en prévaloir ou qu'il craint de succomber dans son action. Celui qui a agi triomphe et fait annuler le testament. Il ne retire aucun bénéfice du succès de son action. C'est le plus proche héritier qui en profitera par la raison toute simple que le succès de la *querela* a ouvert la succession *ab intestat : intestatum patrem familias facit* (3).

----

(1) L. 8, § 17, D., *de inoff. test.*, V, 2.
(2) L. 12, § 2, C., *de petit. hœred.* III, 31.
(3) L. 16, § 1, D., *de inoff. test.*, V, 2.

DROIT FRANÇAIS

DES JUGEMENTS QUI ONT FORCE DE CHOSE JUGÉE

CHAPITRE PREMIER

Notions préliminaires

Le but de la chose jugée est de terminer les procès au moyen des jugements. Elle est le complément indispensable du pouvoir judiciaire, puisque sans elle les contestations n'auraient pas de fin et la justice elle-même ne serait pas respectée. Aussi, voyons-nous le législateur attacher aux jugements qui ont résisté à l'épreuve des voies ordinaires de recours une présomption de vérité tellement puissante, qu'en principe elle exclut la preuve contraire.

Il défend aux parties de remettre en cause ce qui a été souverainement jugé ; et, pour sanctionner cette prohibition, il permet à celui qui est de nouveau amené devant la justice de repousser celui qui l'actionne par une fin de non-recevoir, sans que l'on ait à examiner si la nouvelle demande est bien ou mal fondée.

La loi a protégé l'institution de la chose jugée même contre l'erreur dans laquelle le juge aurait pu se laisser entraîner, si la partie était parvenue à lui cacher l'existence du premier jugement. C'est ainsi que sa sentence peut être déférée à la Cour suprême, s'il a rejeté à tort l'exception de chose jugée qui avait été proposée. Si même la contrariété de jugements existait entre les mêmes parties, sur les mêmes moyens, et émanait de deux décisions rendues par le même tribunal, il y aurait simplement ouverture à requête civile, c'est-à-dire que l'on confierait au tribunal même, qui a rendu les deux décisions contraires, le soin de réparer son oubli (art. 480, 6°, Pr. civ.).

Ce n'est pas seulement la partie qui a triomphé qui peut opposer l'exception de chose jugée, c'est encore celle qui a succombé, si elle y trouve son intérêt. Elle peut être proposée en tout état de cause, mais elle ne peut pas être suppléée d'office ; donc elle ne pourrait pas être présentée pour la première fois devant la Cour de cassation.

Dans notre droit, où il n'y a plus d'exceptions, si on entend ce mot dans le sens qui lui était donné par les jurisconsultes romains, on peut se servir de la chose jugée comme d'un moyen d'attaque. Si le possesseur primitivement évincé s'est remis en possession du fonds sur lequel j'ai réussi à prouver ma propriété, je pourrai

intenter contre lui une action basée sur la chose jugée,
sans avoir besoin de discuter au fond la question de
propriété d'après mes anciens titres.

Pour que la fin de non-recevoir tirée de la chose
jugée puisse être opposée avec succès, il faut le concours des trois conditions suivantes :

1° Existence d'un premier jugement qui soit à l'abri
des voies de recours ordinaires ;

2° Identité dans la question de droit ;

3° Identité des parties.

Quel que soit le rôle que joue dans l'instance nouvelle
celui qui veut opposer la chose jugée, qu'il soit demandeur ou défendeur, c'est à lui de prouver l'existence
de ces trois conditions. Il prouvera authentiquement
l'existence de presque toutes ces conditions par l'expé-
dition du jugement qu'il oppose. La plupart des énon-
ciations exigées par l'article 141 du Code de procédure
civile ont été introduites précisément pour lui fournir
cette preuve.

§ I

DÉFINITION

Nous ne trouvons, ni dans le Code Napoléon, ni dans
le Code de procédure, une définition exacte de ce que
l'on doit entendre par chose jugée. Il est cependant
utile que cette expression *chose jugée* éveille dans l'es-

prit une idée nette et précise, car les auteurs sont loin de s'entendre sur la signification à y apporter. D'ailleurs, comme tous sont d'accord sur les résultats pratiques, l'intérêt de la controverse est purement doctrinal.

Certains jurisconsultes pensent, en s'appuyant sur l'autorité de Modestin (l. 1, D., *de re jud. : res judicata id est finis controversiarum*), qu'il n'y a chose jugée que lorsque le jugement se trouve à l'abri de tout recours, même extraordinaire (1). Nous ne pouvons pas plus partager cette opinion que celle des auteurs qui rangent, sous le nom de chose jugée, non-seulement les décisions qui sont susceptibles d'être réformées par les voies extraordinaires de recours, mais encore celles qui peuvent l'être par les voies ordinaires, comme l'opposition pour les jugements par défaut et l'appel pour les jugements contradictoires (2).

L'opinion intermédiaire, qui est conforme aux traditions de l'ancien droit, nous paraît devoir être adoptée. Et, en effet, l'ordonnance de 1667, dans son article 5 du titre 27, indiquait les cas dans lesquels les jugements passaient en force de chose jugée : « Les sentences et jugements qui doivent passer en force de chose jugée, sont ceux rendus en dernier ressort et dont il n'y a appel, ou dont l'appel n'est pas recevable, soit que les parties y eussent formellement acquiescé ou qu'elles n'en eussent interjeté appel dans le temps, ou que l'appel ait été déclaré péri. »

(1) M. Bonnier, *Traité des preuves*, 3ᵉ édition, nᵒ 861.
(2) Marcadé, sur l'article 1351, nᵒ 1.

Le jugement définitif et dont on peut encore interjeter appel donne bien à la partie en faveur de laquelle il a été rendu une certaine force de chose jugée, puisqu'il lui permet de procéder à l'exécution ; mais cette autorité n'est que temporaire, et elle cesse aussitôt que l'appel est interjeté. Il n'en est plus de même, quand le jugement ne peut être attaqué que par la voie extraordinaire, car alors la force de chose jugée est acquise définitivement. Le fait seul d'avoir soumis ce jugement ou cet arrêt à l'examen de la Cour de cassation ne fait pas tomber l'autorité qu'il a acquise. Pour qu'il en soit dépouillé, il faut que la Cour ait statué et ait cassé ce jugement ou cet arrêt.

D'ailleurs, l'article 2056, C. N., montre clairement que le législateur a voulu adopter le système en faveur duquel nous penchons. Il suppose qu'une transaction est intervenue sur un procès terminé par un jugement passé en force de chose jugée dont les parties ou l'une d'elles n'avaient pas connaissance. Il déclare que cette transaction est nulle, parce qu'elle est intervenue sur un droit qui n'avait plus rien de douteux ou sur une prétention dénuée de toute espèce de fondement, et que, par conséquent, elle n'avait pas d'objet.

Puis l'article ajoute : Si le jugement ignoré des parties était susceptible d'appel, la transaction sera valable. Pourquoi cela ? La transaction est valable, parce qu'il y a encore matière à litige, puisque tout peut être remis en question. Donc il n'y a pas encore chose jugée, et par là tombe le système qui voudrait accorder la force de chose jugée même aux jugements encore susceptibles d'appel.

La transaction serait nulle, quand même le jugement rendu en dernier ressort ou passé en force de chose jugée et ignoré des parties serait susceptible de cassation ou de requête civile, puisque le législateur n'a pas étendu l'exception à ce cas. Et c'est là précisément ce qui établit le peu de fondement du système qui n'accorde la force de chose jugée qu'aux jugements qui ne sont plus susceptibles d'être réformés par les voies extraordinaires de recours. Si la transaction est nulle dans ce cas, c'est qu'elle manque d'objet; et, pour qu'elle manque d'objet, il faut que le procès n'ait plus rien de douteux, que l'autorité de la chose jugée existe dans sa plénitude.

§ II

DES JURIDICTIONS QUI JOUISSENT DE CETTE GARANTIE

L'autorité de la chose jugée n'est attachée qu'aux jugements seuls ; il ne faut pas vouloir l'étendre arbitrairement à d'autres actes. Il est donc important que nous sachions au juste ce que c'est qu'un jugement.

Un jugement, c'est une décision émanée d'un tribunal ou d'un juge sur une contestation qui lui est soumise.

Il n'est pas nécessaire, pour que nous ayons à appliquer l'autorité de la chose jugée, que la décision émane d'un tribunal civil ou criminel. Il y a d'autres tribunaux, d'autres personnes que la loi a investis du pouvoir de rendre des jugements sur certaines matières déterminées.

Quand ces autorités ont statué dans les limites tracées par la loi, il faut que leur décision reçoive une pleine et entière exécution. Or, nous ne pouvons leur assurer une exécution certaine qu'en les faisant jouir du bénéfice que nous accordons aux jugements des tribunaux ordinaires. C'est ainsi que les sentences arbitrales qui n'ont besoin de l'ordonnance d'*exequatur* que pour devenir exécutoires, que les jugements des juges de paix ou des tribunaux de commerce, acquièrent la force de chose jugée.

Il en est de même des décisions rendues par les ministres, les préfets et les maires, dans la sphère du pouvoir juridictionnel qui leur est conféré, ainsi que de celles émanant des conseils de préfecture, de la Cour de comptes, du conseil d'État jugeant en matière contentieuse.

Il en est encore de même des décisions des conseils disciplinaires, des commissions spéciales, par exemple, celle établie par la loi du 16 septembre 1807 sur le desséchement des marais, et celle du 27 avril 1825, pour la liquidation de l'indemnité des émigrés.

§ III

DES SENTENCES IRRÉGULIÈRES

Pour qu'un jugement puisse passer en force de chose jugée, il faut avant tout qu'il soit revêtu des formes qui lui donnent l'apparence d'un jugement (avis du conseil d'État du 31 janvier 1806). Cette condition est substantielle : sans elle, il n'y a qu'un acte informe et qui ne ressemble en rien à une décision judiciaire.

Un jugement doit être considéré comme inexistant, lorsqu'il a été rendu par des personnes que la loi n'a pas investies d'un pouvoir de juridiction, ou lorsqu'il est dépouillé des formes essentielles qui lui donnent le caractère d'un jugement. Tels seraient les jugements qui n'auraient pas été prononcés ou qui ne seraient pas rédigés par écrit. Tels seraient encore les jugements dont l'exécution serait impossible, par suite d'une condamnation indéterminée.

Mais il faut bien se garder de confondre un jugement inexistant avec un jugement affecté seulement d'un vice de nullité. Le jugement affecté d'un vice de nullité est un véritable jugement qui ne peut être réformé que par la voie de l'appel, le pourvoi en cassation ou tout autre voie de recours. Si on n'emploie pas un de ces moyens dans les délais fixés par la loi, le jugement peut acquérir autorité de la chose jugée.

Nous ne sommes plus en effet sous l'empire de la théorie romaine. Les jurisconsultes romains refusaient le droit d'acquérir l'autorité de la chose jugée aux *sententiæ injustæ*, c'est-à-dire aux sentences entachées de nullité, soit pour vices de forme, soit pour violation de la loi, soit pour incompétence : elles pouvaient toujours être annulées par le juge devant lequel on excipait de leur nullité. Les *sententiæ iniquæ*, c'est-à-dire celles où la loi avait été mal appliquée, étaient seules susceptibles d'acquérir l'autorité de la chose jugée. Ils fondaient leur théorie sur ce principe que ce qui est nul ne peut produire aucun effet.

Il n'en est plus de même dans notre législation. Une décision judiciaire n'est jamais nulle, alors même qu'elle émanerait d'un juge incompétent. Pour en faire prononcer la nullité, il faut nécessairement l'attaquer par une des voies ordinaires ou extraordinaires de recours. Tel était le sens de cette maxime de notre ancien droit que nous trouvons dans les *Institutes coutumières* de Loisel : Voies de nullité n'ont lieu en France.

Si on laissait passer sans agir les délais pendant lesquels les recours sont ouverts, la nullité serait couverte et le jugement aurait acquis force de chose jugée. C'est ainsi que, si dans un chef du jugement le juge avait statué *ultra petita*, ce chef du jugement jouirait comme les autres de l'autorité de la chose jugée, si on avait négligé d'agir par la requête civile pendant les délais légaux.

La théorie romaine, qui est basée sur une distinction

éminemment rationnelle entre les jugements injustes (*non jure facti*) et les jugements iniques, offre un inconvénient capital qui explique pourquoi les législateurs modernes l'ont repoussée. Elle va directement contre le but de l'institution de la chose jugée, puisqu'elle tend à laisser dans une longue et déplorable incertitude les rapports de droits litigieux. Les délais accordés pour les recours ordinaires ou extraordinaires sont assez longs pour que la partie qui a succombé puisse demander en temps utile la réformation du jugement, mais pas assez pour que l'incertitude qui pèse sur ces droits puisse être regardée comme dangereuse et nuisible à l'ordre public.

§ IV

DES SENTENCES QUI N'ONT PAS FORCE DE CHOSE JUGÉE

Si la force de chose jugée peut appartenir à des décisions émanant de toutes les autorités chargées par la loi de rendre la justice, il ne s'ensuit pas qu'elle appartienne à toutes les décisions rendues par les tribunaux : *Non vox omnis judicis judicati continet auctoritatem*. Il faut à cet égard distinguer entre les jugements rendus en matière de juridiction contentieuse et ceux rendus en matière de juridiction gracieuse.

Les jugements rendus en matière de juridiction

contentieuse sont ceux qui statuent sur des droits antérieurs contestés et débattus en justice, dont ils déclarent juridiquement l'existence en mettant fin à la contestation par la condamnation ou l'acquittement de l'une des parties litigantes.

Les jugements rendus en matière de juridiction gracieuse sont ceux qui se contentent d'autoriser, permettre ou défendre, sans reconnaître ni déclarer l'existence d'aucun droit litigieux qui soit, par rapport à une partie adverse, le sujet d'une condamnation ou d'un acquittement.

Pour qu'il puisse y avoir autorité de chose jugée, il faut nécessairement qu'il y ait un jugement proprement dit, c'est-à-dire une décision du juge en matière contentieuse, les actes de juridiction gracieuse n'étant point de vrais jugements, mais des contrats revêtus de formes judiciaires. Pour ces derniers, toute partie intéressée qui veut les faire tomber doit attaquer directement les contrats eux-mêmes (1).

Comme exemples de jugements rendus en matière de juridiction gracieuse, il faut citer les jugements qui statuent sur une adoption, approuvent les délibérations d'un conseil de famille, autorisent l'aliénation d'un immeuble dotal, etc.

La femme peut faire tomber le jugement sur requête qui autorise cette aliénation, sans avoir besoin d'em-

______

(1) M. Bonnier, *Traité des preuves*, n° 862. — Larombière, sur l'article 1351, n° 12. — Dalloz, v°, *Chose jugée*, n° 15.

ployer les voies ordinaires ou extraordinaires de recours; mais il faut supposer pour cela qu'on a agi en dehors des cas prévus par l'article 1558 ou sans l'observation des formes qu'il prescrit; sans cela la femme ne serait point admise à en demander la nullité, parce que cela causerait un préjudice aux tiers qui ont contracté de bonne foi et sous la garantie de la justice (1).

Un arrêt d'adoption a pour but de permettre à l'officier de l'état civil de recevoir valablement l'acte que les parties se proposent de faire inscrire sur les registres publics; mais il ne fait rien de plus. Il laisse donc intacte, entre les mains des parties intéressées, la faculté de faire valoir tous les moyens de fait et de droit contre la validité de l'adoption. Il n'y a donc là aucun des effets de la chose jugée, bien qu'en aient pu dire certains auteurs. Les magistrats ne jugent véritablement rien ; ils ne statuent pas sur la validité de l'adoption, puisque leur jugement est rendu sans contradiction et sans être motivé. Ce système a été admis par un arrêt de la Cour de cassation du 22 novembre 1825. Et en effet, lorsqu'on attaque une adoption, on ne s'adresse point à l'arrêt, mais au contrat lui-même qu'on prétend infecté d'un vice de nullité. L'arrêt n'avait pas déclaré le contrat valable, puisqu'il n'y avait pas de contestation sur ce point, il avait seulement supposé sa validité (2).

---

(1) M. Troplong, *Contrat de mariage*, n° 3493.—Cassation, 25 mai 1840, (S. 1. 699). — Grenoble, 9 novembre 1839, (S. 40, 2. 209).

(2) Merlin, *Quest. de droit*, v° *Adoption*, § 11.

Les jugements qui sont rendus sur un avis du conseil de famille n'appartiennent pas tous à la juridiction gracieuse. C'est ainsi que le jugement qui autorise la réduction de l'hypothèque légale de la femme ou du mineur, demandée par le mari ou le tuteur, est rendu contradictoirement avec le procureur impérial, auquel il doit être signifié pour acquérir force de chose jugée (1). Ce jugement produit des effets définitifs et irrévocables à l'égard des tiers qui ont des droits acquis, alors même que plus tard on reconnaît que c'est à tort que l'on a fait réduire l'hypothèque. La femme, qui a reconnu que l'hypothèque qu'on lui a conservée n'est plus suffisante, peut provoquer le rétablissement de l'hypothèque sur des immeubles d'une valeur assez grande pour assurer la garantie de ses droits. Sans cela il eût été trop facile de violer la loi et de priver les incapables de la protection que la loi leur accorde. Ainsi jugé par un arrêt de la Cour de Paris du 10 février 1857 (S. 2, 125).

Les ordonnances sur requêtes rendues par les présidents des tribunaux civils dans les cas d'urgence, lorsque les preuves sont exposées à périr et qu'un retard de quelques heures peut compromettre un droit, sont des actes de juridiction purement gracieuse et qui, par conséquent, ne sont point susceptibles d'appel. Elles émanent du pouvoir discrétionnaire et souverain du juge. Les principales autorisations sont :

(1) M. Troplong, *Hypothèques*, n° 644.—Cass., 3 juin 1834 (S. 1. 434).

l'assignation à bref délai, la saisie-arrêt, la nomination d'un arbitre ou d'un expert, l'autorisation de former une demande en séparation de corps, etc.

A cette classe de jugements se rattachent les jugements dits d'expédient ou jugements convenus. Ce n'est pas autre chose qu'un contrat revêtu des formes d'un jugement. Les avoués des parties remettent au tribunal un jugement tout rédigé et convenu d'avance, et que le ministère public doit examiner. Le tribunal peut l'adopter ou le rejeter ; s'il l'adopte, il le rend exécutoire, mais il ne lui laisse que la force d'une convention.

Pour faire tomber un jugement de cette nature, il n'est pas nécessaire d'avoir recours à l'appel ou à la cassation ; il suffira d'employer les voies par lesquelles on peut faire tomber une convention, c'est-à-dire une simple demande en nullité (1). Les jugements rendus en matière de juridiction gracieuse ne peuvent jamais obtenir l'autorité de la chose jugée. Pour qu'elle puisse exister, il faut un jugement en matière contentieuse. Mais tous les jugements rendus en matière contentieuse ne jouissent pas de ce bénéfice. Nous allons examiner brièvement, dans ce travail, quelles conditions ils doivent réunir pour avoir force de chose jugée.

(1) Merlin, *Q.*, v° *Appel*, § 1, n°s 4, 5, 6.

CHAPITRE II

Des jugements avant dire droit

———

Aux jugements définitifs qui mettent fin à la contestation, dans la limite des pouvoirs et de la compétence du tribunal, on oppose les jugements avant dire droit, qui se divisent eux-mêmes en préparatoires, interlocutoires, provisoires.

§ I

JUGEMENTS PRÉPARATOIRES

« On entend par jugements préparatoires certains jugements par lesquels le tribunal ordonne certaines mesures propres à accélérer l'instruction et la décision de l'affaire, mesures qui pourtant ne préjugent en rien le résultat de cette décision (1). » Ces jugements ne sont

(1) MM. Boitard et Colmet d'Aage, tome I, n° 240.

pas susceptibles d'acquérir la force de chose jugée, car ils se contentent d'ordonner une mesure d'instruction que le juge croit propre à éclairer sa conscience ou à faciliter la solution de l'affaire, mais qu'il peut abandonner quand bon lui semble, s'il trouve dans la cause de nouveaux éléments de décision. Ces décisions qui sont, par exemple, une remise de cause, un ordre aux parties de se communiquer réciproquement leurs pièces, sont incapables de porter aux droits des parties un préjudice sérieux. On ne peut en interjeter appel qu'avec le jugement définitif et conjointement avec lui, et cela alors même qu'on l'aurait exécuté volontairement (art. 451, Pr. civ.).

§ II

JUGEMENTS INTERLOCUTOIRES

Sont réputés interlocutoires les jugements rendus lorsque le tribunal ordonne, avant dire droit, une preuve, une vérification ou une instruction qui préjuge le fond. Tel est le jugement qui rejette la preuve testimoniale, parce que le demandeur n'est pas dans un des cas exceptionnels prévus par les articles 1347 et 1348, C. N., ou bien celui qui, dans une instance en séparation de corps, autorise une enquête, parce que les faits allégués sont graves et concluants.

Un jugement déclare qu'un vendeur d'immeubles est

encore dans le délai de deux ans, pendant lequel on peut être admis à prouver la lésion de plus des sept douzièmes, et il l'autorise à faire cette preuve par témoins. C'est bien là un jugement interlocutoire, puisque le tribunal annonce implicitement que, si la preuve est faite, il donnera gain de cause au demandeur. La mesure d'instruction ordonnée par le tribunal préjuge le fond du débat.

Sur la question de savoir si ces jugements emportent force de chose jugée, nous trouvons une grande divergence parmi les auteurs. Les uns soutiennent que le jugement interlocutoire est susceptible d'acquérir force de chose jugée, même à l'égard des magistrats qui l'ont rendu. Cela leur semble évident en présence de cette disposition du Code, qui permet l'appel immédiat de cette sentence. Et, en effet, à quoi cela eût-il pu servir, s'il n'y avait pas là un tort immédiat et considérable pour une des parties, et pour l'adversaire un droit acquis, que le juge lui-même ne peut plus détruire.

Les autres prétendent que le jugement interlocutoire ne peut pas acquérir force de chose jugée. C'est à cette seconde opinion, conforme à la jurisprudence constante, qu'il faut s'attacher, ainsi que nous allons essayer de le démontrer. Ce système était enseigné par Pothier, lorsque au n° 851 de son *Traité des obligations*, il nous dit : « Pour qu'un jugement ait l'autorité de chose jugée, et même pour qu'il puisse en avoir le nom, il faut que ce soit un jugement définitif qui con-

tienne ou une condamnation ou un congé de demande. »
Et, après avoir décidé que les jugements provisionnels
ne peuvent pas acquérir l'autorité de la chose jugée, il
ajoute : « A plus forte raison, les sentences ou arrêts
interlocutoires, qui ne contiennent ni condamnation, ni
congé de demande, ne peuvent avoir l'autorité de la
chose jugée. » Donc, déjà dans notre ancienne jurisprudence, l'interlocutoire ne lie pas le juge : *Licet ju-
dici ab interlocutorio discedere.*

Les jugements interlocutoires ne sont que des avant
dire droit, et cette expression indique qu'ils n'ont pas
pour objet de prononcer même indirectement sur le
fond du litige qui semble réservé. Ils le préjugent, il
est vrai ; mais un préjugé n'est pas un jugement, une
décision formelle. De ce que la loi autorise l'appel immédiat des jugements interlocutoires, il ne s'ensuit pas
qu'elle leur accorde force de chose jugée. Et, en effet,
cet appel n'est pas obligatoire, c'est-à-dire qu'en appe-
lant du jugement définitif on pourra encore appeler
du jugement interlocutoire. Si la loi permet l'appel
immédiat c'est parce qu'il y a déjà pour la partie un
juste motif de craindre que le tribunal n'échappe point
à la préoccupation qu'il a manifestée et que la condamnation à intervenir soit conforme au jugement avant
dire droit qu'il a rendu.

Deux conclusions également équitables ont été tirées
de la doctrine que nous adoptons. La première, c'est
que les juges, dans leur jugement définitif, peuvent,

après enquête, repousser comme insuffisants les faits précédemment déclarés concluants.

La seconde, qui n'est qu'un corollaire de la première, c'est que le tribunal peut, après avoir ordonné une enquête ou une expertise, rapporter son jugement et statuer sans attendre le résultat de l'enquête ou de l'expertise. Il eût été au moins inutile de forcer le juge à attendre une justification dont il pourrait ne tenir aucun compte (1).

Cette solution est bien naturelle. Pourquoi lier le juge par une mesure d'instruction qu'il a ordonnée pour s'éclairer? Sa décision, qui n'est que le résultat d'un examen incomplet des moyens de la cause, ne doit pas être immuable et il faut qu'il puisse revenir sur des impressions peut-être un peu hâtives. Qui tard juge, bien juge, a dit Loysel. Au point de vue d'une bonne administration de la justice, il est donc juste de refuser aux jugements interlocutoires l'autorité de la chose jugée.

Il faut bien se garder aussi de tomber dans une autre exagération et de refuser aux jugements interlocutoires toute espèce d'autorité. Il ne faut pas croire que tout ce qui est décidé par un jugement doive être nécessairement rangé soit dans la classe des jugements avant dire droit, soit dans la classe des jugements définitifs. Il est telle clause, dans les jugements avant dire droit, qui a le caractère définitif que nous recherchons pour

(1) Cassation, 9 avril 1833 (S. 1, 648)

accorder l'autorité de la chose jugée. Supposons que, lors du jugement interlocutoire, il ait été plaidé contradictoirement sur l'admissibilité de tel ou tel mode de preuve. Le jugement a statué contrairement à la loi, mais il est à l'abri des recours qu'elle permet. Ce jugement ne pourra pas être infirmé comme basé sur un mode illégal de preuves, parce que la disposition, qui a ainsi statué, n'a rien d'interlocutoire, mais est définitive.

§ III

JUGEMENTS PROVISOIRES.

« On appelle jugements provisoires ceux par lesquels un tribunal décide, actuellement et par provision, certaines questions détachées de la cause principale et qui présentent un caractère spécial d'urgence (1). » Ces jugements sont provisoirement exécutoires et susceptibles d'être réformés, non-seulement par la voie de l'appel, mais encore par les juges eux-mêmes qui les ont rendus ; ils sont dictés par les circonstances et doivent par conséquent changer avec elles (2). Ainsi, lorsqu'une femme plaide en séparation de corps contre

(1) MM. Boitard et Colmet d'Aage, *loc. cit.*

(2) Dalloz, v° *Chose jugée*, n° 38. — Toullier, n° 95. — Cassation 27 février 1812 (S. 1, 39).

son mari, elle peut demander et obtenir une pension pour subvenir à ses besoins pendant l'instance. Si plus tard et avant la fin du procès ses besoins viennent à cesser ou à augmenter, le juge pourra toujours retirer la pension ou augmenter le taux primitivement fixé. Donc ces jugements ne sont pas susceptibles d'acquérir la force de chose jugée (1).

Le juge reste donc, en cette matière, le maître absolu de rétracter son jugement, tant qu'il demeure saisi du fond. Cette décision qui est contraire aux principes généraux s'explique par la nature même des choses. Car, ainsi que nous l'avons dit, ces jugements ne statuent jamais qu'eu égard aux circonstances. Donc il faut pouvoir les changer, quand ces circonstances elles-mêmes viennent à changer. Et, d'ailleurs, le juge qui statue au provisoire le fait en général à une époque où l'instruction n'est pas assez avancée pour que son jugement puisse être rendu en parfaite connaissance de cause. Enfin, ne serait-ce pas enlever aux juges le droit de régler provisoirement la situation que de leur refuser le droit de revenir sur la sentence qu'ils ont rendue ? Le droit qu'ils ont de prononcer provisoirement sur une situation et celui de rapporter ou de modifier le jugement ont tous deux la même base et la même raison d'être (2).

____

(1) L. 1, *D.*, *de re jud.* — Pothier, *Traité des Obligations*, n° 851.

(2) Une jurisprudence constante s'est prononcée en faveur du système que nous présentons, ainsi que cela résulte de nombreux arrêts, et notamment d'un arrêt de la Cour de cassation du 26 juin 1816 (S. 1, 210).

L'article 451, pr. civ., qui autorise l'appel des jugements provisoires dans les mêmes conditions que celui des jugements interlocutoires, n'est nullement contraire à la doctrine que nous venons d'exposer. Si le plus souvent le droit d'appel et l'autorité de la chose jugée sont unis l'un à l'autre, il n'en est pas toujours ainsi, surtout lorsqu'un motif spécial explique la disposition de la loi. Or ici il est évident que celui qui, par exemple, est condamné à payer provisoirement une pension alimentaire a un intérêt né et actuel à interjeter appel ; car, s'il y a été injustement condamné, il perdra tout recours efficace contre le gagnant, au cas où ce dernier serait insolvable.

Parmi les décisions provisoires, il en est une qui, par son importance qui tend chaque jour à augmenter et par son caractère tout particulier, mérite un examen spécial : nous voulons parler des référés.

Le référé est le recours devant le président du tribunal civil pour faire statuer provisoirement dans les cas d'urgence, spécialement sur les difficultés relatives à l'exécution des jugements on actes exécutoires.

Cette procédure est dispensée de presque toutes les formes protectrices dont la loi s'est montrée justement prodigue partout ailleurs et dont elle a su calculer les lenteurs avec une sage prévoyance. Cela était indispensable, à cause du caractère d'urgence qui est le signe distinctif du référé et sans lequel il ne saurait exister. Si on ne l'avait pas dipensé des formes ordinaires de la procédure, on aurait manqué complétement le but que l'on voulait atteindre ; car il arrive, dans telle circonstance donnée, que le retard même d'une heure dans la réclamation juridique d'un droit peut entraîner pour une des parties un dommage irréparable.

Dailleurs, cette procédure n'est pas d'invention moderne et le législateur l'a trouvée presque complétement organisée dans notre ancien droit. On la rencontre en Normandie, où elle était connue sous le nom de *clameur de haro*. On appelait clameur de haro un usage en vertu duquel on pouvait, sans autorisation de justice, assigner devant le juge du lieu la partie dont on avait à se plaindre, pourvu qu'il y eût péril en la demeure. On la voit encore et cela sous le nom même de référé, dans le ressort du parlement de Paris, où elle fut organisée d'une manière définitive pour le Châtelet, par un édit de 1685, qui n'était que la confirmation et la régularisation d'un usage antérieur.

On a reproché au législateur de n'avoir pas énuméré les cas dans lesquels il y aurait lieu à référé. Mais c'est en toute connaissance de cause et avec grande raison qu'il a agi ainsi. Une énumération aurait été certainement incomplète : les référés sont subordonnés à l'urgence. Or l'urgence résulte d'une foule de circonstances que le législateur ne pouvait pas prévoir et dont l'appréciation doit être abandonnée à l'expérience du président.

Cette juridiction, qui est à coup sûr la plus importante des attributions du président, ne pouvait, en raison de sa nature même, être confiée qu'à un seul magistrat. D'ailleurs ces jugements ne statuent jamais qu'au provisoire, et en outre ils sont soumis à l'appel toutes les fois qu'ils se trouvent dans les conditions où l'appel est possible. Ce n'est pas devant le président de la Cour que l'appel est porté, mais devant la Cour elle-même. Et, en effet, nous n'avons plus ici les mêmes raisons que tout à l'heure pour réclamer l'unité du juge. Il y a une sentence qui s'exécute, nonobstant appel : l'urgence n'est donc plus la même. Faisons encore observer que, lorsque le juge saisi d'un référé trouve que l'urgence n'est pas assez grande ou que l'affaire est trop délicate pour qu'il puisse statuer seul, la loi l'autorise à renvoyer l'affaire devant le tribunal qui juge en état de référé. Cette ordonnance de renvoi est un acte de juridiction purement gracieuse et qui par conséquent ne peut pas être frappée d'appel.

Les référés pas plus que les autres jugements provisoires ne peuvent acquérir la force de chose jugée. Bien qu'ils ne fassent jamais aucun préjudice au principal, la loi en a permis l'appel immédiat, parce que leur exécution, qui a toujours lieu nonobstant appel et sans caution, si le juge n'a pas ordonné qu'il en serait fourni une, peut causer un préjudice irréparable à la partie qui la subit.

Il y a des jugements qui n'ont pas le caractère de jugements avant dire droit et qui cependant, par leur nature, présentent un caractère provisoire qui les empêche de pouvoir acquérir la force de chose jugée. Tels sont les jugements qui statuent sur les demandes de pension alimentaire. La loi elle-même (art. 209, C. N.) autorise à les rapporter ou à les modifier, selon les circonstances. Tels sont encore les jugements statuant sur une demande d'interdiction, ou en mainlevée d'interdiction, ou en séparation de corps.

Un jugement qui condamne une partie, faute d'avoir produit une pièce ou fait une justification quelconque, n'est pas un jugement provisoire, mais bien un jugement définitif, et, comme tel, susceptible d'être investi d'une manière complète de l'autorité de la chose jugée.

Il n'en est pas de même des jugements auxquels la jurisprudence a donné le nom de comminatoires et qui ne sont pas susceptibles d'acquérir la force de chose jugée. Un jugement qui fixe un délai pendant lequel une partie est tenue de faire une option, ou qui la condamne à une somme fixe de dommages-intérêts par chaque jour de retard dans l'exécution d'une obligation, est un jugement comminatoire. Pour en faire un jugement définitif, il faudrait que le tribunal ait transporté à la partie adverse le droit d'option ou ait fixé une somme de... pour le préjudice passé définitivement apprécié. Il ne faut pas confondre les jugements comminatoires avec les jugements conditionnels, qui sont définitifs, de sorte que, dans ces dernières dispositions, le rôle du juge se borne à constater si la condition est réalisée ou défaillie, sans qu'il puisse rien changer à ce qui avait été décidé.

Cette distinction, qui a été faite par de très-nombreux

arrêts, est aussi subtile que dangereuse, car il est très-difficile, pour ne pas dire impossible, de distinguer si un jugement est comminatoire ou conditionnel.

Il semble beaucoup plus rationnel de donner toujours à ces jugements le caractère de jugements conditionnels, à moins que le tribunal n'ait fait connaître son intention formelle de ne prononer qu'un jugement comminatoire. Cette théorie a l'avantage de ne pas abandonner les principes généraux sur la chose jugée, et elle se trouve aussi consacrée par des arrêts (1).

Les jugements qui se bornent à statuer quant à présent ou en l'état n'acquièrent pas une force de chose jugée stable et définitive ; car, sans cela, on dépasserait l'intention du juge qui a évidemment voulu réserver le droit des parties.

(1) Dalloz, n° 384; et les arrêts qu'il cite sous les n°s 384 à 393.

CHAPITRE III

Des jugements définitifs

Le jugement définitif est celui qui met fin à la contestation engagée devant un tribunal. Un jugement peut être définitif sans être à l'abri de tout recours; car, pour qu'il soit définitif, il suffit qu'il dessaisisse le tribunal devant lequel la contestation est engagée.

L'autorité de la chose jugée ne peut appartenir qu'aux jugements définitifs. Il ne suit pas de là que tout jugement définitif acquière l'autorité de la chose jugée. Nos Codes ne déterminent pas les jugements qui doivent avoir l'autorité de la chose jugée, mais cette énumération qui nous manque, nous la trouvons dans l'article 5 du titre 27 de l'ordonnance de 1667, que nous avons déjà eu occasion de citer.

Aux jugements que cette ordonnance énumère, il faut ajouter les jugements rendus dans les affaires où les parties avaient, par avance, renoncé au droit d'appel. Cette faculté de renoncer à l'appel qui existait dans le droit romain : « Si quis ante sententias professus fuerit se a judice non provocaturum, indubitate provocandi auxilium perdidit (1), » avait été supprimée dans notre ancien droit ; mais cette sage disposition fut rétablie par la loi du 24 août 1790 (2).

Les jugements sont rendus tantôt en premier ressort, tantôt en dernier ressort.

Une autre division des jugements, c'est la division en jugements contradictoires et jugements par défaut.

Le jugement contradictoire est celui qui est rendu après que chaque partie a constitué avoué et posé des conclusions à l'audience par son intermédiaire.

Le jugement par défaut est celui qui est rendu, soit lorsque la partie n'a pas constitué avoué, soit lorsque l'avoué constitué n'est pas venu poser de conclusions sur le fond du débat.

Parmi les jugements définitifs, les uns sont rendus contradictoirement, les autres sont rendus par défaut. Nous allons nous occuper successivement de ces deux espèces de jugements.

____

(1) L. 1, § 35, *D.*, *quibus appel. non licet.*
(2) Toullier, t. V, 2ᵉ partie, nᵒ 98. — Merlin, *Quest. de droit*, vᵒ *Appel*, nᵒ 7.

§ I

JUGEMENTS DÉFINITIFS CONTRADICTOIRES

Le jugement contradictoire, avons-nous dit, est celui qui est rendu sur les conclusions des deux parties. Chacune d'elle ayant été appelée à se défendre et s'étant effectivement défendue, le juge a statué en parfaite connaissance de cause.

Pour qu'un jugement définitif contradictoire acquière force de chose jugée, il faut, ou qu'il soit rendu en dernier ressort, ou que, s'il est rendu en premier ressort, l'appel n'en soit plus recevable. Nous ne saurions admettre, en effet, qu'un jugement rendu en premier ressort puisse acquérir l'autorité de la chose jugée pendant les délais de l'appel. Certains auteurs l'ont pourtant soutenu (1). Ils ont dit : Tout jugement, même de premier degré, peut acquérir force de chose jugée, tant qu'il n'est pas attaqué par la voie de l'appel ; jusque-là, en effet, il peut être mis à exécution. Il est bien vrai, ajoutent-ils, que le recours, dès qu'il est exercé, dépouille le jugement de toute influence de chose jugée et en opère, en quelque sorte, l'anéantissement ; mais, pour que cet effet se produise, il est indispensable qu'il y ait appel. Bien plus, si cet appel n'était

(1) Dalloz, v° *Chose jugée*, n° 17.

pas régulier, la partie qui l'a interjeté succomberait, et le jugement acquerrait force de chose jugée.

Il faut avouer que ce serait là une singulière autorité de chose jugée. Et en effet, aussitôt que l'appel est interjeté, cette force disparaît et devient illusoire. Il est tout naturel d'attribuer l'autorité de la chose jugée aux jugements qui sont encore soumis aux voies extraordinaires de recours, car la partie n'est admise à opposer contre eux que les moyens qui servent de fondement à ces recours, sans pouvoir revenir sur le fond de l'affaire, ni discuter de nouveau les faits admis par les juges du fond.

Au contraire, lorsqu'on interjette appel d'un jugement, chaque partie rentre dans le fond du débat, et on plaide l'affaire comme si elle se présentait pour la première fois devant la justice. Tout est donc remis en question ; les juges d'appel ne sont liés en rien par la décision du juge de première instance ; leur mission est d'examiner de nouveau tous les éléments de la cause sans se laisser influencer par la sentence qu'ils sont chargés d'examiner.

Et d'ailleurs, l'autorité de la chose jugée ne consiste pas dans la mise à exécution d'un jugement. Sans cela, il faudrait aller jusqu'à soutenir qu'un jugement frappé d'appel a l'autorité de la chose jugée, lorsque le juge l'a déclaré exécutoire nonobstant appel. Or, personne n'a osé aller jusque-là, et cependant ce serait une conséquence nécessaire du principe. Il faut donc dire que, tant que le jugement est susceptible d'appel, il ne peut pas acquérir l'autorité de la chose jugée.

L'autorité de la chose jugée n'appartient donc en réalité, immédiatement après le prononcé de la sentence, qu'aux jugements en dernier ressort. Suivant l'expression de M. Duranton, on ne peut dire avec exactitude d'un jugement qu'il est passé en force de chose jugée que quand il est irréformable par les voies ordinaires (1).

Comment un jugement qui a été rendu en premier ressort, peut-il acquérir l'autorité de la chose jugée?

Un jugement rendu en premier ressort acquiert l'autorité de la chose jugée :

1° Quand on a laissé passer les délais sans avoir interjeté appel ;

2° Quand, l'appel ayant été mal introduit, le juge en a débouté, pourvu que, lors de cette sentence, les délais d'appel soient expirés ;

3° Quand l'appel est tombé en péremption ; cette péremption s'oppose à ce qu'un nouvel appel soit recevable ;

4° Quand on se désiste de l'appel, à moins que la partie adverse refuse d'acquiescer à ce désistement ;

5° Quand le juge d'appel a confirmé le jugement de première instance.

Disons maintenant quelques mots de l'appel.

L'appel est le recours d'un juge inférieur à un juge

____

(1) M. Duranton, t. XIII, n° 456.

d'un ordre supérieur, pour faire réformer par ce dernier le jugement du premier.

Après avoir subi, dans les diverses époques de notre législation, des variations considérables, l'appel fut réglé par l'assemblée constituante qui décida qu'il ne pourrait pas y avoir plus de deux degrés de juridiction et qu'il pourrait même n'y en avoir qu'un seul.

Le délai pour interjeter appel d'un jugement contradictoire est de deux mois, à partir de la signification du jugement suivant la loi du 3 mai 1862. Ce délai emporte déchéance, de telle sorte que l'appel, interjeté après les deux mois, est déclaré non recevable. L'appel est dévolutif, c'est-à-dire que la cause est débattue de nouveau devant les juges d'appel, comme si on n'avait encore rien statué : il est aussi suspensif.

Si le jugement est infirmé comme mal rendu, la Cour, juge du fait et du droit, substitue sur le fond de l'affaire une décision nouvelle et souveraine.

Si au contraire le jugement est confirmé par la Cour impériale, il produit alors son plein et entier effet et acquiert l'autorité de la chose jugée. Bien que la Cour, en confirmant le jugement, se soit approprié la décision qu'il renferme, il n'en est pas moins vrai que l'autorité de la chose jugée appartient au jugement de première instance qui a statué sur la difficulté prononcée. La Cour ne fait pas autre chose que de dire que le premier jugement a été bien rendu ; elle lève l'obstacle qui s'opposait à l'exécution du jugement : elle dit que de ce dont est appel sortira son plein et entier effet.

Si le jugement est frappé d'un appel général indéfini, il ne peut acquérir force de chose jugée en aucune de ses parties. Mais l'appel interjeté par une partie, relativement à un chef du jugement, n'empêche pas que le jugement n'acquière sur un autre chef, à l'égard de la partie adverse qui n'a point interjeté d'appel incident, l'autorité de la chose jugée. De même, le jugement dont il n'y a eu appel qu'à l'égard de l'une des parties avec laquelle il a été rendu, ne peut être réformé, sur cet appel, à l'égard des autres parties (1).

Les voies extraordinaires de recours, permises contre les jugements et arrêts, n'enlèvent point aux décisions judiciaires l'autorité de la chose jugée, tant qu'elles n'ont pas été admises.

Le pourvoi en cassation est une voie extraordinaire, ouverte dans certains cas, contre les jugements non susceptibles de rétractation ou de réformation. Le pourvoi ne peut pas être formé contre les jugements passés en force de chose jugée, parce qu'on a négligé d'en interjeter appel. La Cour de cassation ne forme pas un troisième degré de juridiction : elle ne connaît pas du fond de l'affaire, mais elle examine seulement si les moyens de cassation, invoqués devant elle, sont bien justifiés par le demandeur qui attaque le jugement ou l'arrêt. Ces moyens de cassation sont au nombre de quatre :

1° Violation de la loi ;

2° Incompétence ou excès de pouvoir ;

(1) Cass., 30 novembre 1825 (S. 1, 227).

7

3° Inobservation des formes prescrites à peine de nullité ;

4° Contrariété de jugements.

La requête civile n'empêche pas que le jugement conserve la force de chose jugée, tant que l'arrêt de la Cour de cassation n'a pas définitivement statué sur le recours. Elle n'est jamais autorisée contre les jugements rendus en première instance et passés en force de chose jugée, parce qu'on a négligé d'en interjeter appel. Elle n'est admise que dans les cas expressément énumérés par la loi : ils sont indiqués dans les articles 480 et 481, pr. civ.

Quant à la tierce opposition, ce n'est qu'une voie extraordinaire admise en faveur de ceux-là seuls qui n'ont point été parties dans l'instance ou n'y ont pas été représentés, et auxquels le jugement pourrait préjudicier. Lors même qu'elle serait admise, le jugement conserverait ses effets vis-à-vis des parties entre lesquelles il a été rendu. Lorsqu'on rapproche l'article 474, pr. civ., de l'article 1351, C. N., on trouve entre ces deux articles une analogie incontestable qui devient la source de sérieuses difficultés. Il ne rentre pas dans notre plan de les examiner d'une manière approfondie. Nous nous contenterons de dire que la tierce opposition n'est pas une simple application du principe de l'article 1351, mais qu'elle est un moyen de faire rétracter ou réformer un jugement accorde à une partie qui n'a pas figuré dans une instanceet à laquelle l'exécution de ce jugement causerait un préjudice que l'article 1351 serait impuissant à prévenir (1).

La prise à partie est indiquée au Code de procédure comme étant une voie extraordinaire pour attaquer les jugements. Cependant, elle est plutôt une action en dommages-intérêts contre le juge, dont la faute a causé un préjudice à l'une des parties. Elle peut être intentée, alors même qu'aucun jugement n'a été rendu, ainsi en cas de déni de justice. Elle peut avoir quelquefois pour but de faire tomber le jugement lui-même (2).

<h2 align="center">§ II</h2>

<h3 align="center">JUGEMENTS DÉFINITIFS PAR DÉFAUT</h3>

Les jugements par défaut sont de deux sortes, suivant qu'ils ont été rendus faute de constituer avoué ou faute de conclure. Le défaut peut aussi avoir lieu, soit de la part du demandeur, soit de la part du défendeur.

Le demandeur ne peut pas faire défaut faute de constituer avoué, puisqu'il a dû faire cette constitution dans l'exploit d'ajournement. Il ne peut donc être question pour lui que du défaut faute de conclure, et ce défaut a reçu dans la pratique le nom de *congé* ou *défaut-congé*.

(1) Voir sur cette question MM. Boitard et Colmet d'Aage, t. II, p. 80, et S.—Proudhon, *Traité de l'usufruit*, t. III, n° 1287, et t. V, n° 2471. — Merlin, *Rép.*, v° *Opposition tierce*

(2) MM. Boitard et Colmet d'Aage, t. II, p. 127.

Lorsque le défendeur fait défaut faute de constituer avoué ou faute de conclure, le jugement constate le défaut et adjuge au demandeur ses conclusions, si elles se trouvent être justes et bien fondées (art. 150, pr. civ.). Le tribunal a donc le droit et le devoir d'examiner les conclusions du demandeur. Il doit le faire en prenant communication du dossier ou en ordonnant telle mesure d'instruction qu'il jugera convenable pour éclairer sa religion.

Lorsque le demandeur fait défaut, le jugement renvoie le défendeur et lui donne congé immédiatement et sans examen (1); et cela est raisonnable. En effet, d'après l'article 1315, C. N., le demandeur, pour obtenir gain de cause, est obligé de prouver les faits qu'il avance; si donc il ne se présente pas pour établir la vérité de ses allégations, il en supportera les conséquences.

Mais quelle sera précisément la conséquence du défaut-congé ainsi accordé au défendeur? Le jugement déclarera-t-il le demandeur mal fondé et renverra-t-il le défendeur absous, comme si le demandeur avait sérieusement discuté et n'avait pas réussi à établir son droit? En d'autres termes, pour faire tomber le jugement, le demandeur sera-t-il obligé d'avoir recours à l'opposition ou à l'appel? Ou bien le jugement n'est-il qu'un simple congé d'ajournement, ne préjugeant en rien le

_____

(1) Dalloz, v° *Jugements par défaut*, n° 17. — Cass., 18 juillet 1831 (S. 1, 399).

mérite de la cause? Alors les parties se trouveraient dans le même état qu'avant l'ajournement, et le demandeur aurait pleine et entière liberté pour recommencer le procès.

Cette dernière opinion, qui ne voit dans le jugement de congé que le relaxe de l'assignation était admise dans l'ancienne pratique avant l'ordonnance de 1667. Il semble naturel de donner la même solution en combinant les articles 150 et 154, proc. civ. Et, en effet, puisque le tribunal ne peut pas vérifier les conclusions du demandeur, comment admettre qu'on sanctionne par l'autorité de la chose jugée un jugement rendu sans connaissance de cause. En outre, l'article 434, pr. civ., au titre de la procédure devant les tribunaux de commerce, fournit en faveur de notre opinion un très-fort argument. Réunissant dans un même article le défaut du demandeur et celui du défendeur, il fait expressément la distinction que nous venons d'indiquer. Il exige la vérification de la prétention du demandeur, quand il s'agit de condamner le défendeur défaillant, et il n'y a rien de semblable, quand il s'agit d'adjuger au défendeur les conclusions du demandeur défaillant (1).

Si le tribunal, au lieu de se borner à donner défaut et à renvoyer le défendeur purement et simplement de la demande, avait apprécié la demande au fond et statué à cet égard, le demandeur serait recevable à

______

(1) MM. Boitard et Colmet d'Aage, t. I, p. 292. — Berriat, p. 257, n° 14.

appeler du jugement qui, dans ce cas, doit être non pas réformé, mais annulé. Ainsi jugé par un arrêt de la Cour de Dijon du 12 mars 1829 (S. 2, 231). C'est aussi ce qu'enseigne M. Boncenne (*Théorie de la procédure*, t. III, p. 16 et suiv.). Il n'autorise l'appel que parce que tout jugement revêtu de ses formes extérieures, fût-il un assemblage de la plus flagrante violation de la loi, doit subsister et être exécuté, tant qu'il n'a pas été anéanti.

Nous ne partageons pas complétement l'opinion de M. Boncenne et nous pensons que, si le défendeur dépose des conclusions sur le fond de l'affaire, le tribunal devra statuer. Et, en effet, le défendeur peut y avoir un très-grand intérêt. Peut-être le demandeur ne fait-il défaut que pour inquiéter le défendeur, en venant plus tard recommencer le procès : peut-être veut-il attendre que le défendeur ait perdu les preuves qu'il possède du peu de fondement de sa prétention. Mais, si le défendeur ne demandait pas le jugement du fond, le tribunal ne devrait prononcer qu'un simple congé de la demande.

La partie qui a fait défaut a deux voies ouvertes devant elle pour faire rétracter le jugement qui l'a condamnée.

Elle a d'abord la voie de l'opposition, qui varie suivant qu'il s'agit du défaut faute de constituer avoué ou du défaut faute de conclure. Lorsqu'il s'agit de ce premier défaut, l'opposition est recevable jusqu'à l'exécution du jugement, qui a dû être signifié au défaillant par un huissier commis à cet effet par le tribunal.

Le législateur craint toujours que le défaillant n'ait pas eu connaissance du jugement. L'exécution du jugement doit être poursuivie dans les six mois, à l'expiration desquels, s'il n'est pas exécuté, il est réputé non avenu. Lorsqu'il y a défaut faute de conclure, le délai de l'opposition est de huit jours, à dater de la signification du jugement à l'avoué de la partie condamnée.

Lorsque les délais pour former opposition sont passés, la partie défaillante a encore la ressource de l'appel.

Les jugements définitifs par défaut ne peuvent passer en force de chose jugée qu'après l'expiration des délais pour former opposition et appel, lorsque cette voie est permise.

En résumé, pour qu'un jugement puisse acquérir la force de chose jugée, il faut que d'abord ce soit un jugement définitif. Mais, comme tous les jugements définitifs ne peuvent pas l'acquérir, voici parmi eux ceux auxquels cette autorité peut s'attacher :

1° Jugements contradictoires en dernier ressort ;

2° Jugements contradictoires en premier ressort, lorsqu'on a laissé passer le délai de l'appel, ou que l'appel est périmé, ou que la partie a renoncé au droit d'interjeter appel ;

3° Jugements par défaut qui ne sont plus susceptibles ni d'opposition ni d'appel.

En d'autres termes, pour qu'un jugement puisse acquérir la force de chose jugée, il faut qu'il soit définitif et non susceptible d'être réformé par les voies ordinaires de recours.

CHAPITRE IV

Sens des mots : Jugement passé en force de chose jugée dans diverses dispositions du Code Napoléon

Nous avons dit que l'autorité de la chose jugée ne s'applique qu'aux jugements rendus en dernier ressort ou passés en force de chose jugée. Voyons maintenant les applications que le Code civil fait de ce principe.

Parmi tous les articles qui traitent de la chose jugée (1), il n'en est pas qui aient donné lieu à de plus grandes controverses que l'article 800 ; nous allons donc étudier cet article avec soin, examiner les différents systèmes qui se sont produits et réfuter ceux qui ne nous paraissent pas conformes à celui qui, d'après nous, a été adopté par le législateur.

Cet article, qui est placé au chapitre de l'acceptation et de la répudiation des successions, porte que l'héritier peut encore accepter sous bénéfice d'inventaire, même après les délais fixés par la loi, s'il n'a pas fait d'ail-

(1) Art. 800, 1262 et 1263, 2052, 2056, 2157, 2215.

leurs acte d'héritier, ou *s'il n'existe pas contre lui de jugement passé en force de chose jugée, qui le con-damne en qualité d'héritier pur et simple.* Un point sur lequel tout le monde est d'accord est celui-ci : lorsque le successible a fait acte d'héritier, c'est-à-dire lorsqu'il a accepté purement et simplement, il est évident qu'il est déchu du droit d'accepter sous bénéfice d'inventaire, comme aussi du droit de renoncer, et cela à l'égard de tous les créanciers de la succession.

Mais voici où naît la difficulté. Un créancier poursuit un successible et lui réclame une somme de 10,000 fr. qui lui est due par le défunt. Le successible, qui ne peut plus opposer l'exception dilatoire, puisque les délais de l'article 795 sont expirés, se voit condamner à payer cette somme. Il laisse écouler les délais sans interjeter appel, ou bien, sur son appel, le jugement est confirmé, de telle sorte qu'il obtient force de chose jugée. Il est évident que, dans les rapports qui existent entre ces deux personnes, le successible aura la qualité d'héritier pur et simple : il devra donc lui payer le montant intégral de sa condamnation. Mais alors l'héritier, découvrant que l'actif de la succession va être absorbé et au delà par le passif, va au greffe du tribunal et déclare renoncer ou accepter sous bénéfice d'inventaire. Le lendemain de cette déclaration, un autre créancier de la succession vient lui réclamer le montant de sa créance. Peut-il dire à l'héritier : Payez-moi ma créance entière; vous ne pouvez plus ni accepter sous bénéfice d'inventaire ni renoncer, bien que vous soyez encore dans les délais pour le faire. L'article 800 fait deux exceptions à la règle, et la deuxième exception est réalisée en votre personne, puisque vous avez été condamné comme héritier pur et simple par un jugement passé en force de chose jugée.

Nous ne croyons pas que le créancier soit autorisé à lui tenir ce langage et nous pensons, pour notre part, que l'héritier peut encore renoncer ou accepter sous bénéfice d'inventaire, en d'autres termes, que les législateurs n'ont pas voulu trancher ici la question de savoir si l'effet des jugements serait relatif ou absolu, se réservant de le décider sur l'article 1351. Nous disons donc que l'article 800 n'est qu'une application de la règle générale posée par notre article 1351.

Un des plus éminents professeurs de cette Faculté, M. Valette, a émis un système très-ingénieux à coup sûr, mais qui ne nous paraît pas pouvoir être adopté, parce qu'il nous semble contraire aux principes généraux de la chose jugée et à l'intention du législateur (1). Voici en quoi consiste ce système. Vis-à-vis du créancier qui a obtenu condamnation, le successible est héritier pur et simple ; vis-à-vis des autres créanciers, il a perdu le droit d'accepter sous bénéfice d'inventaire, mais il peut encore renoncer. L'acceptation sous bénéfice d'inventaire est une situation mixte qui doit exister à l'égard de tous ou n'exister à l'égard de personne, et

____

(1) M. Valette, à son cours et dans la *Revue de droit français et étranger*, t. IX, p. 257 et suiv.

il y aurait quelque chose d'étrange à voir l'héritier tenu purement et simplement à l'égard de l'un des créanciers, et simple administrateur à l'égard des autres.

L'auteur de ce système s'appuie sur l'histoire de la rédaction de cet article. En droit romain, le droit d'accepter sous bénéfice d'inventaire se prescrivait par le délai de trois mois, à compter du jour de l'ouverture de la succession. Ce délai écoulé, il ne restait plus que le droit d'accepter purement et simplement ou de renoncer. Le droit coutumier ne fixait pas de limites au droit d'accepter sous bénéfice d'inventaire. Les auteurs du projet du Code, ne voulant adopter ni l'un ni l'autre système, avaient proposé cette disposition qui devait terminer l'article 800 : « Mais cette faculté ne s'étend pas au delà d'une année, à compter du jour de l'expiration des délais ; l'héritier ne peut ensuite qu'accepter purement et simplement ou renoncer. » Sur la demande de Tronchet qui fit observer que le délai d'une année était trop rigoureux, le droit d'accepter sous bénéfice d'inventaire devant exister tant que les choses demeuraient entières, on retrancha cette partie finale de l'article 800. Alors on ne fixa plus de limites préfixes, mais on décida que le droit d'accepter sous bénéfice d'inventaire serait prescrit, quand le successible aurait été condamné comme héritier pur et simple.

Il nous est impossible d'admettre ce système, et voici pour quels motifs. D'abord, en supposant admis que le jugement n'est pas autre chose que le fait qui vient clore e droit d'accepter sous bénéfice d'inventaire, il n'en faudrait pas moins reconnaître qu'il est la conséquence de la négligence de l'héritier à venir purger l'espèce de mise en demeure opérée par les poursuites dirigées contre lui. Or, il serait étrange que des créanciers, entre lesquels n'existe aucun lien de solidarité ou d'indivisibilité, puissent se prévaloir des actes faits par quelques-uns d'entre eux.

Il est bien certain que, si le législateur l'avait voulu, il aurait eu le pouvoir de consacrer cette anomalie ; mais il nous paraît évident qu'il ne l'a pas voulu. Comment admettre, en effet, qu'il ait renfermé, dans un laps de temps peut-être très-inférieur à un an, une option qu'il ne voulait pas forcer à faire dans le délai d'une année ! La discussion de la loi, et les circonstances dans lesquelles la fin de l'article 800 a été supprimée, nous montrent clairement que la volonté du législateur n'a pas pu être celle que lui prête le savant auteur de ce système. Admettre que l'héritier est dépouillé *erga omnes* du droit d'accepter sous bénéfice d'inventaire, c'est donner à la chose jugée un caractère absolu que la loi ne lui accorde nulle part. Or, est-il possible d'admettre que le législateur ait voulu consacrer une aussi singulière exception aux principes reconnus par toutes les législations, sans s'en être expliqué bien catégoriquement. Or, même dans les travaux préparatoires, nous ne trouvons rien qui puisse faire supposer une pareille intention aux rédacteurs du Code.

Quant à cette situation, qui paraît si étrange à l'honorable professeur, de voir le même homme héritier

vis-à-vis de certains créanciers, simple administateur
vis-à-vis d'autres, personne ne peut la faire cesser, à
moins d'admettre avec quelques auteurs que l'individu
condamné comme héritier pur et simple est déchu *erga
omnes* non-seulement du droit d'accepter sous bénéfice
d'inventaire, mais encore du droit de renoncer, en se
fondant comme eux sur l'indivisibilité de la qualité
d'héritier (1). Oui, il est bien certain que la qualité
d'héritier est indivisible, mais rien n'est plus divisible
que les droits et obligations qui en dérivent, et cela suffit
pour permettre d'appliquer l'article 1351. On ne peut
pas être, vis-à-vis de la même personne, tout à la fois
acceptant et renonçant; mais rien n'empêche que l'on soit
acceptant vis-à-vis de quelqu'un et renonçant vis-à-vis
d'un autre. L'indivisibilité d'une qualité fait si peu
obstacle à la division des droits et obligations qui en
découlent, qu'un jugement rendu sur une question
d'état n'est opposable qu'à celui contre qui il a été rendu.

Arrivons maintenant à un troisième système qui nous
paraît encore moins admissible que les deux premiers.
Dans ce système on argumente des mots *passé en force
de chose jugée*. Un jugement a la force de chose jugée, dès
qu'il est rendu, lorsqu'il s'agit d'un jugement contradictoire et en dernier ressort. Notre article ne s'applique pas
à cette hypothèse qui doit être réglée par le droit com-
mun exprimé dans l'article 1351. Mais notre article

(1) Merlin, *Quest. de droit*, v° *Héritier*, § 8. — Boncenne, t. III,
p. 330 et suiv. — Douai, 29 juillet 1856 (S. 2, 178).

s'applique, lorsque, le jugement ayant été rendu en premier ressort, l'héritier condamné a laissé passer les dé-
ais sans interjeter appel, car alors le jugement est *passé*
en force de chose jugée. En n'interjetant pas appel,
l'héritier a tacitement reconnu la qualification que le
jugement lui a donnée et on se trouve dans un cas d'acceptation tacite (1).

Cette distinction entre les jugements qui ont *à priori*
force de chose jugée et ceux qui passent en force de
chose jugée n'est pas admissible. Et, en effet, lorsque
le législateur se sert de cette expression *passé en force
de chose jugée*, il veut parler évidemment de tous les
jugements qui ont force de chose jugée. Alors même
que ces mots seraient opposés à *jugement en dernier
ressort*, comme dans l'article 2157, ils n'auraient pas
encore le sens restreint qu'on leur donne ici. Ils s'appli-
queraient non-seulement aux jugements dont l'héritier
n'a pas interjeté appel, mais encore à ceux qui ont été
confirmés sur son appel.

Il ne faut pas non plus voir un aquiescement dans le
fait de n'avoir pas interjeté appel du jugement. L'héritier pouvait très-bien continuer à protester contre la
qualification qui lui était attribuée, sans vouloir pour
cela courir encore les chances d'un procès, parce qu'il
n'avait pas alors, pour faire consacrer son droit, les
preuves qui lui sont nécessaires et qu'il a acquises depuis. Ce système a, en outre, le défaut de violer aussi

(1) M. Bugnet, à son cours.

les principes de l'autorité de la chose jugée, puisqu'il fait profiter les tiers d'un jugement auquel ils ne sont pas intervenus.

Il y a encore sur cette question plusieurs autres systèmes dans l'examen desquels nous ne croyons pas devoir entrer. Nous avons réfuté ceux qui sont le plus accrédités parce qu'ils ont été émis par d'éminents jurisconsultes. Nous nous contenterons maintenant d'exposer le système que nous adoptons. Ce système qui est enseigné par beaucoup d'auteurs a, en sa faveur, une jurisprudence presque constante (1).

D'après nous, le jugement de condamnation n'a qu'un effet purement relatif au créancier qui l'a obtenu, de telle sorte que l'héritier conserve envers tous les autres créanciers la faculté, soit d'accepter sous bénéfice d'inventaire, soit de renoncer.

Ce système, qui a l'avantage de suivre les traditions de l'ancien droit exprimé par Pothier dans le numéro 70 de son introduction au titre XVII de la coutume d'Orléans, est conforme à l'équité et à la raison. D'ailleurs, il n'est nullement contraire au texte de l'article 800, puisque le jugement n'existe que pour les parties entre lesquelles il a été rendu. Que l'on ne vienne pas nous dire que l'article ainsi conçu est inutile et fait double emploi avec l'article 1351. On peut d'abord répondre

(1) Delvincourt, t. II, p. 89. — Montpellier, 1er juillet 1828 (S. 2, 106), et surtout un arrêt de la Cour de Toulouse du 11 mars 1852 (S. 2, 491). — Demolombe, *Successions*, t. III, n° 152. — Aubry et Rau, t. V, p. 161 et 162.

à cette objection qu'il n'y aurait pas lieu de s'y arrêter, alors même qu'elle serait fondée, car le législateur n'a pas tellement pesé tous ses mots qu'il n'ait jamais rien dit d'inutile. Ainsi, il n'était pas fort utile de dire que le successible qui aurait fait acte d'héritier serait héritier pur et simple, et cependant cette proposition est énoncée dans la loi. Et d'ailleurs MM. Aubry et Rau ont répondu directement à cette objection en montrant la difficulté qui aurait pu surgir, si le législateur ne s'était pas formellement expliqué.

L'héritier aurait pu soutenir que, tout en lui imposant la qualité d'héritier qu'il n'entendait pas contester, le jugement rendu contre lui n'avait pas pour but de le faire déchoir du droit d'accepter sous bénéfice d'inventaire ; que son acceptation, ayant eu lieu dans les trente ans, devait remonter au jour de l'ouverture de la succession, même contre celui qui avait obtenu le jugement. Enfin, notre solution n'est nullement contredite par les travaux préparatoires du Code qui sont d'ailleurs assez obscurs, mais desquels il semble résulter que l'on a voulu purement et simplement se référer à la règle qui serait posée dans l'article 1351.

Nous trouvons encore au titre des offres de payement et de la consignation les articles 1262 et 1263 qui s'occupent de la chose jugée. Ces articles portent que, lorsqu'un débiteur a lui-même obtenu un jugement passé en force de chose jugée, qui a déclaré ses offres et sa consignation bonnes et valables, il ne peut plus, même du consentement du créancier, retirer sa consignation au préjudice de ses codébiteurs ou de ses cautions. Si le créancier consentait au retrait de cette consignation, il ne pourrait plus, pour obtenir le payement de sa créance, exercer les priviléges ou hypothèques que du jour où l'acte par lequel il a consenti que la consignation fût retirée, aura été revêtu des formes requises pour emporter hypothèque.

Tant que le débiteur qui a fait sa consignation n'a pas obtenu l'acceptation du créancier, ou à son défaut un jugement passé en force de chose jugée qui la déclare bonne et valable, il reste maître de la retirer et de faire ainsi revivre tous les accessoires qui garantissent le payement de la dette.

Nous venons de dire que le droit du débiteur de reprendre la chose consignée était éteint par un jugement passé en force de chose jugée et déclarant la consignation bonne et valable. Qu'arriverait-il si le jugement était encore susceptible d'opposition ou d'appel ? Il faut distinguer : tant que le créancier n'interjette pas appel, tant qu'il ne forme pas opposition, le débiteur ne peut pas retirer sa consignation, car le créancier a seul le droit d'attaquer le jugement et de contester la solution qu'il a donnée. Mais si le créancier attaque le jugement, le débiteur pourra retirer sa consignation, puisque toute l'affaire est remise en question.

La transaction est un contrat par lequel les parties terminent une contestation née ou préviennent une contestation à naître. (Art. 2044 C. N.)

Elle tient lieu entre les parties d'un jugement rendu en dernier ressort ou passé en force de chose jugée, car la transaction est un véritable jugement prononcé par les parties elles-mêmes dans leur propre cause.

Mais il ne faut pas pousser trop loin l'assimilation, car la transaction et la chose jugée ne sont pas absolument identiques.

C'est ainsi qu'un jugement termine toujours une contestation, tandis qu'une transaction prévient le plus souvent la naissance du procès. Lorsqu'on soumet un jugement à une des voies de recours autorisées par la loi, on peut voir le jugement cassé sur certains points et maintenu sur d'autres, tandis que la nullité de la transaction sur un des chefs la fait tomber sur tous les autres.

Le mode de procéder pour demander l'annulation d'un jugement n'est pas le même que celui pour demander l'annulation d'une transaction. C'est par action directe et principale qu'on agit pour faire annuler la transaction, tandis que c'est par requête civile ou pourvoi en cassation qu'on doit former une demande en rescision d'un jugement.

L'erreur de droit qui donne ouverture à cassation d'un jugement ne permet pas de faire annuler une transaction, car alors la transaction a une cause, puisqu'elle a terminé un différend existant ou qu'elle en a prévenu la naissance.

Une partie ne peut attaquer un jugement pour cause d'erreur de fait que quand cette erreur provient du dol de l'autre partie, tandis qu'on peut toujours demander la nullité d'une transaction en se basant sur une erreur de fait. C'est ainsi que l'article 2056 déclare que la transaction intervenue sur un procès terminé par un jugement passé en force de chose jugée est nulle, puisque la transaction est sans objet, le droit de chacun étant parfaitement déterminé (1).

Si le jugement n'était qu'en premier ressort, la transaction serait valable, puisque, tout pouvant encore être remis en question, il est impossible de savoir si la connaissance du jugement aurait empêché les parties de transiger. Elle serait nulle, alors même que le jugement, non susceptible d'appel, serait encore susceptible d'être déféré à la cour suprême, puisque la possibilité de la cassation du jugement n'empêche pas la force de chose jugée.

Les inscriptions hypothécaires ne peuvent être rayées par le conservateur des hypothèques que dans les cas spécifiés par la loi. Elle autorise la radiation, dans l'article 2157, lorsque les parties intéressées et ayant capacité à cet effet y consentent, ou lorsque le grevé d'hypothèque a obtenu un jugement en dernier ressort ou passé en force de chose jugée. Nous n'avons à nous occuper ici que de la radiation judiciaire.

La radiation de l'hypothèque a pour effet d'anéantir

(1) Cet article 2056 nous a déjà servi pour établir que le législateur entendait par jugements ayant autorité de chose jugée ceux qui n'étaient plus susceptibles d'appel, mais qui étaient encore soumis aux voies extraordinaires de recours.

le droit du créancier hypothécaire. Aussi, bien que, en général, les jugements puissent être exécutés pendant les délais de l'opposition ou de l'appel, le jugement qui ordonne la radiation ne pourra pas l'être. Et ceci est de toute justice ; car, si dans le temps où le procès est pendant devant la cour d'appel des créanciers venaient à inscrire leurs hypothèques, ces hypothèques primeraient celle du créancier dont l'inscription a été radiée, alors même que le jugement de radiation viendrait à être réformé. Aussi, pour que le conservateur soit tenu d'opérer la radiation, il faut qu'on lui laisse un certificat de l'avoué, constatant la date de la signification du jugement, et un autre du greffier portant qu'il n'existe ni opposition, ni appel.

L'autorité de la chose jugée n'étant pas suspendue par le recours en cassation ou la requête civile, le conservateur des hypothèques devra faire la radiation alors même que ces voies de recours seraient encore ouvertes. Supposons que, l'inscription étant radiée, le jugement en dernier ressort ou l'arrêt confirmatif soit cassé par la cour suprême. Qu'arrivera-t-il alors ? L'inscription aura été mal à propos radiée.

Le créancier hypothécaire aura bien le droit de prendre une nouvelle inscription, mais cette inscription sera primée par celles des créanciers inscrits depuis la radiation. Sera-t-elle primée par celles des créanciers inscrits avant la radiation ? Nous ne le pensons pas, puisqu'ils n'en éprouvent aucun préjudice.

CHAPITRE V

Décisions préjudicielles

« La question préjudicielle est celle qui, élevée incidemment dans une instance, doit être jugée avant une autre sur la décision de laquelle elle peut avoir de l'influence, et dont, par ce motif, la décision est suspendue jusqu'après celle de la question préjudicielle (1). »

A proprement parler, les questions préjudicielles sont celles qui s'élèvent incidemment à une demande et qui résultent de la défense (2). Le plus fréquemment, elles s'élèvent dans les procès criminels; mais comme nous nous sommes restreint à traiter la chose jugée en matière civile, nous n'aborderons pas cette face de la question. Nous nous contenterons de parler des cas où, devant les tribunaux civils, une demande étant formée par une des parties ou par un tiers intervenant, est de nature, au cas où elle serait accueillie, à modifier l'instance principale.

Une telle demande doit être examinée immédiate-

(1) Dalloz, v° *Question préjudicielle*, n° 1.
(2) Merlin, *Rep.*, v° *Question préjudicielle*, n° 1.

ment, avant la solution de la question pendante et sans être soumise aux mêmes formes d'instruction que celles qui ont été ordonnées sur le fond.

Par exemple, un tiers intervient dans une instance d'ordre pour revendiquer la propriété d'un immeuble qui avait été mal à propos vendu, suivant lui, sur des poursuites d'expropriation dirigées contre un individu non propriétaire, et dont on distribuerait le prix aux créanciers de ce dernier. Si cette demande était fondée, il n'y aurait évidemment pas lieu à poursuivre l'ordre ; aussi, cette demande en revendication devra-t-elle être jugée préalablement. Et comme cette question est complétement distincte de la procédure d'ordre élevée entre les créanciers, elle ne devra pas être jugée dans la forme d'instruction par écrit qui avait été ordonnée pour le fond.

La question incidente ainsi jugée aura force de chose jugée. Et en effet, il importe peu que la question ait fait l'objet d'un litige principal ou d'un litige incident, pourvu que la chose ait été jugée sur les conclusions formelles posées par les parties. C'est ainsi qu'un jugement rendu sur une question d'état posée incidemment a l'autorité de la chose jugée, tout aussi bien que si elle avait été proposée par voie d'action principale (1).

______

(1) Cass., 31 déc. 1834 (S. 35, 1, 545).— Cf. Aubry et Rau, § 769, 1°. — Larombière, n° 29. — Toullier, n° 230 et suiv. (Voir dans le n° 231 l'espèce curieuse qu'il rapporte avec beaucoup de détails et sur laquelle est intervenu un arrêt de cassation du 25 pluviôse an II.)

CHAPITRE VI

Détermination des limites de l'autorité
de la chose jugée

Après avoir indiqué quels sont les jugements qui
peuvent passer en force de chose jugée, il nous reste à
voir à quelle partie du jugement s'attache l'autorité de
la chose jugée; en d'autres termes, si la chose jugée
peut résulter des motifs ou seulement du dispositif des
jugements.

La chose jugée ne résulte pas des motifs, mais seulement du dispositif du jugement. Quelle que soit la
netteté avec laquelle les motifs d'un jugement expliquent
la légitimité de telle ou telle solution, on ne peut pas
évidemment donner force de chose jugée à cette solution, si le juge n'a pas prononcé sur elle par voie d'autorité, c'est-à-dire si le dispositif est resté muet à son
égard. Et en effet, le juge n'ayant ni condamné, ni
absous, il n'est pas possible de suppléer à son silence
en donnant force de chose jugée à une solution, bien
qu'elle paraisse être dans son esprit (1).

(1) Cass., 7 nov. 1854 (S. 1, 767).

Ce n'est pas à dire pour cela que les motifs du jugement ne doivent pas être pris en considération. Si la loi du 20 avril 1810, en son article 7, a imposé aux juges l'obligation de motiver leurs jugements, elle n'a pas eu bour but unique de s'assurer que le procès avait été l'objet d'un examen sérieux de la part des tribunaux ; elle a voulu fournir un moyen d'expliquer le sens du dispositif du jugement, lorsque ses dispositions seraient obscures : c'est là seulement que se trouve leur utilité. Ce qui prouve bien que la chose jugée ne réside que dans le dispositif, c'est que les erreurs de droit qui se trouvent dans les motifs du jugement ne peuvent pas donner ouverture à cassation, si toutefois le dispositif lui-même ne viole aucune loi (1).

Aussi, la jurisprudence est-elle formelle sur ce point. Elle a décidé que la chose jugée ne pouvait résulter des motifs seuls, lors même que des conclusions des parties auraient appelé l'attention des tribunaux sur le point de contestation expliqué dans les motifs (2). L'influence des motifs sur la chose jugée existe si peu à un point de vue autre que celui que nous avons indiqué, que, alors même qu'il y aurait entre le dispositif et les motifs une contradiction flagrante, cette contradiction n'empêcherait pas le dispositif de passer en force de chose jugée.

(1) Cass., 8 fév. 1837 (S. 1, 804).— 26 juillet 1838 (S. 1, 784). — 29 avril 1840 (S. 1, 738).

(2) Cass., 5 juin 1821 (S. 1, 344). — 30 avril 1850 (S. 1, 497). — Orléans, 17 août 1848 (S. 49, 2, 264).

Les limites du débat sont aussi celles de la chose jugée. C'est en examinant le *quid judicandum* que l'on pourra s'éclairer suffisamment pour bien comprendre le *quid judicatum*.

Il est donc constant que l'autorité de la chose jugée ne résulte que de ce qui est compris dans le dispositif du jugement, mais non pas de tout ce qui y est compris. Et en effet, il faut distinguer ce qui est une décision de ce qui n'est qu'une énonciation relative à des faits ou à des questions qui n'étaient pas compris dans les conclusions données au tribunal.

C'est ainsi qu'un jugement qui, sur la demande d'un créancier, condamne le débiteur aux intérêts des intérêts, déjà échus, d'un capital exprimé dans le jugement, n'a pas l'effet de la chose jugée quant à la quotité du capital. Rien n'empêche donc, plus tard, le débiteur de contester la quotité du capital exprimée au jugement (1). Dans l'espèce de cet arrêt, la quotité du capital n'était déclarée qu'énonciativement. Si la décision du tribunal avait porté sur cette quotité, alors même qu'elle n'aurait fait l'objet d'aucune conclusion de la part des parties, il n'y en aurait pas moins eu chose jugée à cet égard. Mais comme le tribunal aurait statué *ultra petita*, il y aurait eu ouverture à requête civile, et le jugement aurait acquis force de chose jugée si elle n'avait pas été exercée dans les délais.

(1) Cass., 25 août 1829 (S. 1, 364).

C'est ainsi encore que dans une question de dette alimentaire, le rapport de filiation, qui unit les parties, sera le plus souvent énoncé par le jugement. Il n'en pourra pas moins être remis en question dans une nouvelle instance, si les parties n'ont point soulevé entre elles un litige préjudiciel sur l'existence de ce rapport (1). Cette décision est très-raisonnable. Le jugement qui accorde des aliments préjuge bien la question de paternité, mais il ne la juge pas, et l'état des personnes ne peut pas être fixé par un simple préjugé. C'est ce qui a été décidé par un jugement du tribunal de la Seine du 8 août 1806, confirmé en Cour d'appel le 31 janvier 1807, et par la Cour de cassation le 10 mai 1808 (2).

D'autre part, une disposition implicite, quand elle est la suite nécessaire d'une disposition expresse, peut obtenir l'autorité de la chose jugée. Je dirige des poursuites contre mon débiteur qui m'actionne en justice, en contestant la validité de mon titre. Le tribunal rend un jugement dont le dispositif est ainsi conçu : « dit que les poursuites ont été bien et valablement intentées, déboute le débiteur de sa demande et le condamne aux dépens. » Ce jugement ne déclare pas explicitement la validité et l'efficacité de mon titre; cependant, il y aura force de chose jugée à cet égard, parce que, en déclarant les poursuites bien intentées, il reconnaît for-

(1) Cass., 13 février 1860 (S. 1, 545).
(2) Cf. Toullier, n° 229.

cément la validité de mon titre. On peut dire que, puisqu'elle résulte des expressions du dispositif, elle y est exprimée (1).

Je demande la résiliation d'un contrat de vente, et ma demande est rejetée par le motif que l'existence de cet acte n'est pas justifiée. Je ne pourrai pas, plus tard, demander le payement du prix de la vente sans me voir repoussé par l'exception de chose jugée.

En résumé, la règle à poser en cette matière est celle-ci : Il ne peut y avoir chose jugée que pour ce qui a été l'objet de l'attention, de l'examen des juges et d'une décision de leur part ; *in tantum judicatum, in quantum litigatum*. Mais, dès que ces circonstances sont établies, on ne doit pas refuser à la décision l'autorité de la chose jugée, bien que le droit qu'elle reconnaît ne soit pas l'objet direct et principal du jugement. Ainsi, par exemple, le règlement d'ordre définitif a vis-à-vis des parties intéressées et des débiteurs l'autorité de la chose jugée, tant pour la collocation (objet principal) que pour le montant de la créance colloquée, capital et intérêts. Ainsi jugé par un arrêt de la Cour de cassation du 9 décembre 1846 (Sirey, 47, 1, 272).

(1) Larombière, n° 27. — Cass., 4 déc. 1837 (S. 38, 1, 233).

CHAPITRE VII

Jugements rendus par des juges étrangers

Il nous reste à examiner une des questions les plus
vastes et les plus délicates de notre matière, et sur laquelle les auteurs le plus justement estimés ont hésité
longtemps avant de se prononcer. C'est qu'en effet, les
différents systèmes auxquels elle a donné naissance se
présentent aux yeux du jurisconsulte avec un cortége
d'arguments sérieux, propres à ébranler la conviction
que l'on s'était d'abord formée. Il est donc important
de l'étudier avec le plus grand soin afin de voir ce que
le législateur a voulu. Cette question, la voici : Faut-il,
pour qu'un jugement puisse avoir en France l'autorité
de la chose jugée, qu'il soit émané des tribunaux
français, ou bien, au contraire, les jugements rendus
par des juges étrangers, ne jouissent-ils pas, même
en France, de cette autorité? En d'autres termes,
les articles 2123 C. N. et 546 Pr. civ. autorisent-ils
les tribunaux français à réviser au fond les jugements
émanés de juges étrangers, qui ne peuvent être exécu-

tés en France qu'après y avoir été déclarés exécutoires par nos tribunaux?

Sur ce point, bien des systèmes ont été proposés ; mais, sans vouloir nous arrêter à les développer tous, nous allons nous occuper des trois principaux, entre lesquels se partagent la plus grande partie des jurisconsultes.

Le point de départ du premier système se trouve dans l'ordonnance de 1629, dont l'article 121 est ainsi conçu : « Les jugements rendus, contrats ou obligations reçues ès-royaumes et souverainetés étrangères, pour quelque cause que ce soit, n'auront aucune hypothèque, ni exécution en notre dit royaume ; ains tiendront les contrats lieu de simples promesses, et nonobstant les jugements, nos sujets contre lesquels ils auront été rendus, pourront de nouveau débattre leurs droits comme entiers par devant nos officiers. » D'où il résultait : 1° qu'aucun jugement étranger ne pouvait recevoir son effet en France, tant qu'il n'avait pas été rendu exécutoire par un tribunal français; 2° que le Français condamné à l'étranger pouvait encore débattre ses droits comme entiers devant le tribunal de son pays.

Les partisans de ce système lui trouvent deux avantages : 1° il n'est pas contraire au texte de la loi, puisque, dans certains cas, c'est-à-dire quand le jugement est rendu contre un étranger, c'est le jugement étranger lui-même qui sera exécuté. Alors, en effet, les juges français n'ont pas le droit d'examiner le fond de l'af-

faire, mais ils doivent se contenter de donner leur visa.
2° Il protége l'intérêt de nos nationaux contre les décisions qui pourraient être dictées par des sentiments tout autres que celui de la justice (1).

Devons-nous faire encore aujourd'hui cette distinction? En d'autres termes, l'article 121 est-il encore en vigueur? Nous ne le pensons pas. En présence des termes absolus des articles 2123 et 546, nous ne pouvons pas être autorisés à distinguer. Ce n'est qu'à raison de l'extranéité de la juridiction de laquelle ils émanent que les jugements étrangers doivent être révisés en France ; il importe donc peu de savoir si le jugement est intervenu entre deux étrangers ou entre un Français et un étranger, il importe donc peu de savoir si c'est le Français ou l'étranger qui a été condamné ; dès lors que la juridiction qui a statué est étrangère, le jugement est dépourvu de l'autorité de la chose jugée, et les parties devront se pourvoir devant la juridiction française pour faire déclarer le jugement exécutoire. Ajoutons d'ailleurs que, même dans l'ancien droit, l'ordonnance de 1629 n'avait pas toute l'autorité que l'on voudrait lui donner aujourd'hui. Un certain nombre de parlements, et notamment le parlement de Paris, ne l'avaient enregistrée qu'après y avoir

(1) M. Valette, *Revue de droit français et étranger*, 1849, p. 597 à 643. — Cass., 7 janv. 1806 (S. 1, 202). — Merlin, *Q.*, v° jugements, § 14. — M. Demangeat, *Histoire de la condition civile des étrangers en France*, n° 88.

été contraints par la force, et se refusaient à l'exécuter.

Mais, après avoir admis que la solution donnée doit être la même pour tous les cas, nous nous trouvons en présence de deux systèmes diamétralement opposés, dont l'un soutient qu'il n'y a jamais lieu à révision, c'est-à-dire que l'ordonnance exécutoire n'est qu'un simple *visa* que le tribunal français ne peut pas refuser, tandis que l'autre soutient qu'il y a toujours lieu à révision du fond.

Avant de prendre parti, posons d'une manière précise l'état de là question. Personne ne conteste que les jugements étrangers soient dépourvus en France de la force exécutoire, et que, par conséquent, on ne puisse pas contraindre la force publique française à les faire exécuter. Cela est de toute évidence, puisque la formule exécutoire est une émanation directe de la puissance du souverain, puissance qui expire sur les frontières du territoire qu'il gouverne.

Mais là où le désaccord commence, c'est quand il s'agit de déterminer la mission du tribunal français chargé de délivrer l'ordre d'exécution. Ce tribunal a incontestablement le droit de vérifier la forme extérieure du jugement, afin de voir s'il est en présence d'une véritable décision judiciaire, et si elle émane réellement du tribunal auquel on l'attribue. Mais pourra-t-il, révisant le fond même de la sentence, examiner de nouveau les prétentions des parties et émettre un nouveau jugement sur la question tranchée par le tribunal étranger? Là est la question.

Le système qui accorde au tribunal français le droit de révision se fonde sur cette disposition de la loi qui soumet l'examen de la sentence au tribunal tout entier, et non plus seulement au président comme cela a lieu pour le visa qui doit être donné aux sentences arbitrales. Dès le moment qu'on assemble le tribunal, c'est pour qu'il rende un jugement. Or, on ne peut pas le forcer à rendre un jugement sans connaissance de cause ; donc il faut qu'il renouvelle le débat pour éclairer sa religion. Dailleurs, il s'appuie sur des raisons très-sérieuses, sur des considérations d'intérêt public et privé si considérables qu'elles ont fait pencher la jurisprudence en sa faveur, et que Merlin, qu'il avait d'abord combattu, a fini par l'adopter (1).

Néanmoins, nous pensons que le législateur n'a pas voulu que les tribunaux français puissent venir juger une seconde fois la question du fond : nous allons déduire les principales raisons qui ont déterminé notre conviction (2).

Les textes actuels, nos adversaires eux-mêmes le reconnaissent, nous fournissent un argument des plus puissants. Et, en effet, les art. 2123 et 546 veulent que ce soit le jugement étranger lui-même qui subsiste et

____

(1) En ce sens, un arrêt fortement motivé de la Cour de cassation du 19 avril 1819 (S. 1, 63). — Aubry et Rau, § 32.

(2) M. Bugnet.

soit déclaré exécutoire par le tribunal français. Or, si ces derniers ont le droit et le devoir de réviser les jugements étrangers, le jugement qui sera exécutoire, ce sera toujours celui qui sera rendu par le tribunal français et notre article cessera de pouvoir s'appliquer.

En outre, le système que nous combattons soumet les sentences étrangères à la révision du tribunal français, et cependant cette révision est défendue par l'article 546, qui place sur la même ligne les décisions des juridictions étrangères et les actes reçus par les officiers publics étrangers. Or, de l'aveu de tous, ces actes ne sont pas susceptibles de révision ; donc, dans la pensée du législateur, les jugements étrangers ne le sont pas non plus.

L'argument que nos adversaires tirent de la prescription de la loi qui exige que le tribunal déclare la sentence exécutoire, est une pure pétition de principe. Ils disent en effet que le tribunal ne peut pas rendre un jugement sans connaissance de cause, et que pour éclairer sa religion il faut que l'affaire soit plaidée à nouveau. Rien ne serait plus exact si on demandait au tribunal de rendre un jugement ; mais c'est précisément là qu'est la question, et c'est ce que nous nions.

Mais alors, dit-on, pourquoi réunir le tribunal ? Le visa ne pouvait-il pas être donné par le président tout seul ? Si la loi a pensé que le visa du président ne suffisait pas, et si elle a exigé la présence du tribunal, c'est qu'il y a non pas à examiner le fond de l'affaire, mais à voir si la sentence devra être rendue exécutoire. Or, si cette sentence ordonne l'exécution de faits que nos lois défendent, si elle est contraire aux principes d'ordre public reconnus chez nous, il devra lui refuser son ordonnance d'exequatur. C'est ce qui aurait lieu notamment si le jugement étranger consacrait la polygamie, le divorce, l'usure, la féodalité, ou bien s'il appliquait à un Français la loi personnelle étrangère, s'il prononçait la contrainte par corps, hors des cas où la loi le permet, si enfin la compétence du tribunal étranger était en contradiction avec les principes de notre droit constitutionnel, par exemple, si une question de mariage se trouvait décidée par des juges ecclésiastiques.

Le tribunal aura encore à examiner si l'acte qui lui est présenté a le caractère d'un jugement, si les signatures sont bien celles des juges, s'il n'est pas frappé de nullité, s'il a rempli toutes les conditions exigées dans le pays où il a été rendu pour obtenir force de chose jugée, toutes questions qui ne peuvent se résoudre que par la connaissance des lois du pays d'où provient la sentence.

Ces différents examens, auxquels le tribunal devra se livrer, présentent plus d'une difficulté très-sérieuse, et expliquent pourquoi la loi, qui a revêtu le président seul du droit de rendre exécutoire une sentence arbitrale, n'a voulu confier ce droit qu'au tribunal tout entier.

C'est ainsi qu'il faut expliquer les termes mêmes de la loi : L'hypothèque ne peut résulter de jugements étrangers *qu'autant* qu'ils ont été rendus exécutoires.

Ces expressions supposent bien la possibilité d'un refus d'ordonner l'exécution ; mais il ne faut pas en con
clure que le fond de l'affaire puisse être examiné à nouveau, mais seulement que la formule d'exécution pourra
être refusée dans les cas que nous venons d'indiquer.
Toutes ces questions, dont le tribunal aura à s'occuper,
ne touchent pas au fond du droit et n'empêchent pas la
sentence étrangère d'obtenir force de chose jugée. C'est
ainsi que, lorsqu'un arrêt est déféré à la Cour de cassation, il n'en a pas moins force de chose jugée parce que
la Cour de cassation ne rentre pas dans le fond de l'affaire, mais examine seulement si les moyens de cassation
invoqués par le demandeur existent ou n'existent pas.

Nous trouvons encore un argument de texte très-
puissant dans l'article 7 du Code d'instruction criminelle qui porte : « Tout Français qui se sera rendu
coupable, hors du territoire de l'empire, d'un crime
contre un Français, pourra, à son retour en France, y
être poursuivi et jugé, *s'il n'a pas été poursuivi
et jugé en pays étranger*, et si le Français offensé
rend plainte contre lui. » Comment admettre en
effet que les jugements qui statuent sur l'honneur de
nos nationaux pourraient avoir force de chose jugée
chez nous, alors même qu'ils auraient été rendus à
l'étranger, tandis qu'il en serait autrement alors qu'il
s'agit uniquement d'intérêts pécuniaires? Une telle
contradiction serait vraiment inexplicable.

Ce n'est pas tout : l'opinion que nous combattons va
directement contre les intérêts qu'elle veut protéger

puisqu'elle met une entrave à la liberté qui doit exister pour faciliter les rapports commerciaux. Ces rapports, qui sont nombreux entre les citoyens des différents états civilisés, sont basés surtout sur la confiance et le crédit. Or, quelle confiance le vendeur et l'acheteur pourront-ils avoir l'un dans l'autre si les jugements obtenus dans le pays de l'un ne peuvent devenir exécutoires qu'après révision du fond dans le pays de l'autre? Les transactions commerciales se ralentiront donc, la défiance naîtra entre les parties contractantes qui ne voudront plus traiter qu'en se couvrant du risque auquel elles vont être exposées, soit en vendant à un prix plus élevé qu'elles ne l'auraient fait sans cela, soit en exigeant des garanties spéciales, soit en recevant de l'argent comptant. Cette entrave serait donc très-préjudiciable au commerce, et par conséquent à l'intérêt public auquel il importe que les relations commerciales de ses nationaux avec les citoyens des autres pays soient aussi faciles et aussi sûres que possible.

Comment peut-il donc se faire qu'un système si contraire, et à la lettre de la loi, et aux besoins qu'il veut protéger, ait obtenu un triomphe si complet, qu'il ait rallié à lui une grande partie des auteurs et une jurisprudence presque unanime? Cela tient uniquement à deux principes que nous croyons inexacts.

Le premier consiste à dire que l'autorité de la chose jugée étant une institution du pur droit civil, on ne peut pas reconnaître aux tribunaux le droit de rendre des jugements ayant force de chose jugée hors du pays par le souverain duquel ils sont institués. Rien ne nous paraît plus faux, et nous prétendons que l'autorité de la chose jugée est une institution du droit des gens. Et en effet, elle est admise par tous les peuples ; elle se trouve dans toutes les législations, même dans leur enfance, et elle est fondée sur des motifs qui sont évidemment les mêmes dans toute société ; elle rentre par conséquent dans la définition que les Institutes donnent du droit des gens : « Quasi quo jure omnes gentes utuntur. » Il n'est pas jusqu'à son organisation, c'est-à-dire, ce qu'il y a en général de plus arbitraire dans les institutions, qui ne repose sur ce droit immuable qui est le même dans tous les temps et chez tous les peuples civilisés.

Le second principe qui nous est opposé, n'a pas plus de force que le premier. Il consiste à dire que, forcer les tribunaux français à déclarer exécutoires les jugements étrangers sans nouvel examen du fond, ce serait sacrifier notre indépendance nationale, et porter atteinte aux droits du gouvernement français.

A supposer que ce principe fût exact, on n'en pourrait tirer aucune conséquence contre nous. En effet, le législateur a le droit de faire aux souverainetés étrangères les concessions qu'il juge nécessaires dans l'intérêt public ; or, il leur en a fait une ici, ainsi que cela résulte du texte même de l'article 2123. Il y a plus, le traité conclu le 18 juillet 1828 entre la France et les États de la Confédération helvétique, et publié par une ordonnance royale du 31 décembre de la même année,

fait au gouvernement suisse une concession bien autrement importante, puisqu'il reconnaît force de chose
jugée aux décisions émanant de ses tribunaux, indé-
pendamment même de toute révision, ainsi que cela
résulte de l'article 1er, ainsi conçu : « Les jugements
définitifs en matière civile, ayant force de chose jugée,
rendus par les tribunaux français, seront exécutoires
en Suisse, et réciproquement, après qu'ils auront été
légalisés par les envoyés respectifs, et, à leur défaut,
par les autorités compétentes de chaque pays. » Si cette
concession est en contradiction avec les saines idées que
l'on doit se former sur l'indépendance des États, c'est
un malheur que le législateur l'ait faite ; mais, puisqu'elle
existe, il faut que le jurisconsulte sache la respecter.

Mais, nous nions le principe de nos adversaires, et
nous ne voyons pas en quoi la souveraineté française
est compromise par l'obligation imposée aux tribunaux
français de rendre exécutoire, sans révision préalable
du fond, la décision de la justice étrangère. Les juges
français, en déclarant la sentence exécutoire, ne reconnaissent pas la souveraineté du prince étranger au nom
duquel la décision est rendue ; mais ils font respecter
la présomption de vérité qui protége tous les jugements,
et sanctionne le quasi-contrat judiciaire intervenu entre
les parties.

Nous savons parfaitement que l'exécution d'un jugement ne peut avoir lieu qu'en vertu d'un mandement
du souverain, et qu'un souverain ne peut commander
en dehors du pays sur lequel s'étend sa domination.

Aussi, n'autorisons-nous pas l'exécution d'un jugement étranger sans qu'il ait reçu des tribunaux français, dépositaires de l'autorité du souverain, la force exécutoire dont il a besoin.

On nous a enfin reproché de soumettre les Français, malgré eux, à la juridiction des tribunaux étrangers. Ce reproche n'est pas fondé, si on nous l'adresse d'une manière générale ; mais, il cesse d'en être un, — puisque le législateur lui-même en a donné l'exemple aux autres peuples, — dans les cas spéciaux où d'impérieuses nécessités nous y obligent. C'est ainsi que le Français devra être soumis à la juridiction étrangère lorsque des contestations s'élèveront relativement à des immeubles possédés par lui en pays étranger, ou bien lorsque le Français aura souscrit des engagements commerciaux envers un étranger dans les hypothèses prévues par l'article 420 du Code de procédure. En cas pareil, personne ne peut contester la légitimité des tribunaux étrangers, et nos adversaires eux-mêmes sont obligés de l'accepter : qu'ils cessent donc de nous reprocher un résultat qu'ils sont eux-mêmes forcés d'admettre.

Nous espérons avoir réussi à ébranler tous les arguments sur lesquels nos adversaires cherchent à appuyer leurs systèmes, et à démontrer la justice et la nécessité du nôtre. Il ne nous reste plus qu'à appeler de tous nos vœux le retour de la jurisprudence aux principes de la chose jugée qui sont admis par tous les peuples, et qui reposent sur une présomption de vérité à laquelle nous ne devons pas déroger sans de graves raisons.

CHAPITRE VIII

Jugements arbitraux

Distinguons entre la force exécutoire et l'autorité de
la chose jugée.

Les sentences arbitrales ne sont exécutoires qu'à
partir du moment où elles ont été revêtues de l'ordonnance d'*exequatur* (art. 1020, Pr. civ.).

Quant à l'autorité de la chose jugée, certains jurisconsultes décident qu'elle ne leur appartient point, si
ce n'est dans le même sens qu'aux transactions. Les
deux raisons capitales qu'ils font valoir à l'appui de
leur système sont, d'une part, que le compromis doit
être assimilé à la transaction, au point de vue qui nous
occupe, et d'autre part, que les arbitres ne sont revêtus d'aucun caractère public et reçoivent leur mission non du souverain, mais de la libre volonté des
parties. Par le compromis, celles-ci conviendraient d'a-
vance de considérer la décision à rendre comme une
transaction intervenue entre elles, et le caractère privé
des arbitres les empêcherait de conférer à leur sen-

tence l'autorité de chose jugée qui appartient aux jugements proprement dits.

Dans ce système, il y avait lieu de se demander s'il ne fallait point y déroger, lorsque l'affaire avait été soumise à des arbitres forcés avant la loi du 17 juillet 1856. Mais l'arbitrage forcé ayant été supprimé par cette loi, cette question ne peut plus se poser aujourd'hui, du moins pour les sentences arbitrales rendues en France.

Quant à celles rendues à l'étranger, il faudrait, toujours dans l'opinion que nous exposons, adopter en principe la même solution. Dans cette donnée, et dans le système de ceux qui pensent que les jugements rendus à l'étranger n'ont jamais en France l'autorité de la chose jugée, il y aurait donc une différence entre les jugements rendus par les tribunaux étrangers et les sentences arbitrales dont il s'agit. Celles-ci ayant un caractère contractuel, lieraient les parties même en France, tandis qu'il n'en serait pas de même des premières. Mais ce caractère contractuel disparaîtrait si, en vertu de la loi étrangère, l'affaire avait dû être soumise à l'arbitrage forcé, ou si, en cas de partage entre les arbitres nommés par les parties, le tribunal étranger avait nommé un tiers arbitre pour vider le partage.

Nous n'adoptons pas ces solutions; elles partent toutes de cette idée, que l'autorité de la chose jugée a sa source dans le droit de souveraineté, en vertu duquel les juges sont institués dans chaque pays. Or, c'est là une idée, suivant nous, inexacte. L'autorité de la

chose jugée dérive du quasi-contrat judiciaire : *judiciis
quasi contrahimus.* A ce point de vue, nous ne voyons
pas de raison de distinguer entre le quasi-contrat judiciaire, qui a lieu entre les plaideurs lorsque le litige est
porté devant les tribunaux ordinaires, et le compromis,
c'est-à-dire la convention en vertu de laquelle les parties s'en remettent à des arbitres du soin de statuer
sur le différend.

Au surplus, la source du pouvoir des arbitres se
trouve en définitive dans la loi, car c'est elle qui,
d'une manière générale, confère le droit de juger aux
arbitres qui, dans tel ou tel cas donné, pourront être
choisis par les parties.

En ce qui touche les sentences arbitrales rendues à
l'étranger, elles ont donc, suivant nous, la même force
que les jugements rendus par les tribunaux étrangers,
et cela sans distinguer si elles émanent d'arbitres vo-
lontaires ou d'arbitres forcés. Et, de même que nous
reconnaissons, aux sentences rendues par les juridictions étrangères, l'autorité de la chose jugée en France,
de même nous reconnaissons cette force de chose
jugée aux décisions arbitrales rendues à l'étranger.

POSITIONS

DROIT ROMAIN

I. —Le demandeur en revendication ne peut pas être repoussé par l'exception *rei judicatæ*, lorsque la cause sur laquelle il se fonde est différente de celle qu'il a fait valoir dans un premier procès, si, au moyen d'une *præscriptio*, il a évité lors de ce premier procès de déduire tout son droit *in judicium* (*Nec obstat*, l. 14, § 2, *D.*, *de except. rei jud.*).

II. —L'exception *rei judicatæ* doit être insérée dans la formule des actions de bonne foi.

III. — Lorsque le mineur a obtenu contre son extuteur, en vertu de l'action *tutelæ directa*, une condamnation inférieure à celle qu'il aurait dû obtenir, il peut, suivant les cas, agir de nouveau contre lui, soit par la *restitutio in integrum*, soit par l'action *tutelæ directa* (l. 25 et l. 46, *D.*, *de per. et adm. tut.*).

V. — Un jugement inique d'absolutio n'empêche pas qu'une obligation naturelle ne continue à lier le débiteur injustement absous (l. 28 et l. 60, *D.*, *cond. ind.*).

V. — L'antinomie qui paraît exister entre le *principium* et le § 2 de la loi 7, n. t., n'est qu'apparente.

VI. — Pour qu'il y ait lieu de faire à un second procès application de l'exception de la chose jugée par une précédente sentence, il suffit qu'il y ait entre les deux litiges identité de question de droit, sans qu'il soit nécessaire qu'il s'agisse rigoureusement du même objet matériel (*Nec obstant*, l. 12, 13, 14, 27, n. t.).

DROIT FRANÇAIS

I. — L'article 800, C. N., ne fait pas exception à l'article 1351, C. N. Le successible, condamné en qualité d'héritier pur et simple envers un créancier de la succession, conserve envers tous les autres le droit de renoncer ou d'accepter sous bénéfice d'inventaire.

II. — Les jugements rendus en pays étranger ont en France autorité de chose jugée.

III. — La chose jugée contre le débiteur ne nuit pas à la caution.

IV. — Lorsqu'une personne en a fait condamner une autre en qualité de codébitrice solidaire, elle ne peut pas s'armer de ce jugement contre un autre prétendu codébiteur solidaire.

V.—A l'inverse, si le défendeur primitif a triomphé, le jugement ne pourra être invoqué par le défendeur actuel, si ce n'est pour la part du premier dans la dette.

VI. — Le jugement rendu contre l'héritier apparent est opposable à l'héritier véritable.

VII. — Pour que la chose jugée soit opposable à l'ayant cause, 1 suffit que la transmission de droits ait lieu entre la demande introductive d'instance et la décision définitive.

VIII. — Le demandeur qui a triomphé dans une action en revendication, ne peut pas opposer le jugement qu'il a obtenu aux créanciers en faveur desquels le défendeur avait constitué des hypothèques sur l'immeuble.

PROCÉDURE CIVILE

I. — Le jugement de défaut-congé n'étant qu'un démis de la demande, le droit d'action subsiste dans son intégralité.

II. — Lorsque la Cour de cassation casse un arrêt pour contrariété de décisions, elle ne doit pas prononcer le renvoi à d'autres juges (art. 504, Pr. civ.).

III. — La fin de non-recevoir résultant contre un appel de ce qu'il n'a pas été interjeté avant les délais, ne peut pas être suppléée d'office.

DROIT COMMERCIAL

I. — Les membres d'un conseil de surveillance d'une société en commandite, poursuivis, aux termes de 'article 10 de la loi du 17 juillet 1856, comme responsables du gérant, sont justiciables du tribunal correctionnel.

HISTOIRE DU DROIT

I. — L'origine du colonat doit être attribuée à des causes multiples, et spécialement à la transportation de barbares vaincus en des terres auxquelles ils étaient attachés.

II. — Les fiefs ont leur origine dans les bénéfices de l'époque franque.

DROIT DES GENS

I. — Le navire neutre qui fait voile vers un port bloqué, n'est pas saisissable sur la haute mer.

II. — Une nation neutre ne rompt pas la neutralité, par cela seul qu'elle se rend adjudicataire d'un navire capturé sur l'une des puissances belligérantes.

Vu par le président de la thèse,
        J.-E. LABBÉ.

Vu par l'inspecteur énéral,
    CH. GIRAUD.

Vu et permis d'imprimer :
Le vice-recteur de l'Académie de Paris,
      A. MOURIER.

www.ingramcontent.com/pod-product-compliance
Ingram Content Group UK Ltd.
Pitfield, Milton Keynes, MK11 3LW, UK
UKHW022351090726
13658UKWH00002B/585